香港職人

目錄

香港祭

香港開檔

香港味道

香港維修

香港電影

序言

留守到最後的「香港魂」

詠春師傅葉問臨終前拍攝自己打木人樁，記錄一招一式。在走馬看花的城市，記錄技藝、功夫，難道只能靠自己？

《HK FEATURE》以「記錄香港」為創辦宗旨，大時代在前，在香港履行這個任務，殊不容易，因為記錄的速度永遠不及消失快。《香港職人》的概念源於一位年輕記者廖俊升（阿升）。2020 年底，阿升向我提議不如做「香港職人」的專題，我覺得未嘗不可，職人手藝蘊含一座城市的精神，少了職人的精神，城市只剩空殼。偏偏香港對於職人技藝、精神的記載，不夠重視，亦有欠系統的紀錄，比台灣、日本遜色多。

當談及「香港精神」，文化界往往從大眾娛樂、中產品味或殖民建築分析戰後幾代人的「精神」。由同舟共濟的小漁港變成國際大都會的道路，香港的庶民職人總是缺席。他們掌上的技能，匯集中西、大江南北之大成，是戰後幾代人的心血，更是中華文化的大寶藏。

在流動中記錄

每有老店結業，有市民排隊懷緬一番，此舉或會被評為「瞻仰遺容」。可是，一直以來老店職人的手藝、歷史文化與傳承的困難，有沒有「被看見」？香港的後人能否閱覽職人的歷史？倘若不想後人對香港文化流於「打卡」消費，第一步是先記錄下來，為後人 Back Up。

2021 年筆者留在日本，遇上「港迷」插畫師小野寺光子，她成了《香港職人》另一個推動者。她跟我一樣，隔岸看著香港地道小店被疫情蹂躪下逐一黯然退席，實在心有不甘。小野寺勉勵我，趁消失之前應好好記錄香港，發揮記者的專長，記錄的最好時候就是今日！而不是明天！當時我帶著一股勁回家埋首草擬大綱，膽粗粗決定印一本《香港職人》。

兩年間，編輯、記者與受訪者也在「流動」的狀態。有受訪者與記者已移民英國，年事已高的職人失去聯絡，亦有老店瀕臨結業。兩年後的今天，不少職人跟記者說會留港撐到最後，盡量將手藝、精神傳給下一代；有些「宗師」仍深信今日步入黃昏，只要後人尚存，飛龍總有一天會再躍動起來。

「職人」堅持保留傳統的手藝，但始終需要面對時代的變遷。苦練十年技藝方有所成，在事事求快的年代，誰有耐性守住這門技藝？更需要面對的是，職人守住的事業已失去商業生態去支持：紙媒衰落，報紙檔的報紙自然稀少；新一代不重視祭祀，移民潮不絕，訂造花牌的數目自然減少；佐敦海旁填到九龍站，在內街已看不見海岸線，又何來有外來船的客人埋岸買旗袍？

期望「香港職人」能成為民間保育項目

香港政府重視非文物遺產（非遺），近年的確投放了大量資源去保育。據 2023 年立法會文件公布，2018 年撥款三億元設立「非物質文化遺產資助計劃」，至今共資助 92 個項目，總資助達 8,500 萬元。可是，政府並未有為非遺的職人、老行尊與行業作詳細的統計。製作《香港職人》之後，記者才知道目前職人的狀況與數字，均靠行內口耳相傳。今日很多非遺的「宗師」已不在世上，政府於 2018 年匆匆在網上辦「非物質文化遺產資料庫」，並將 480 項香港非遺數碼化，只能嘆一句為時已晚。

《香港職人》全書記錄 25 位職人，內容偏於職人的口述歷史，有助後人追尋手藝承先啟後的軌跡。希望《香港職人》獲各方的支持，可成為民間的保育項目，讓我們抓緊時間製作第二、三本《香港職人》。在此，感謝默默為香港付出的職人們，為這座城市注入勤儉不屈、兼容多樣的靈魂；也承蒙每位採撰、攝影記者的厚愛，靜心等待第一本《香港職人》的誕生。獨立出版，萬事起頭難，確是需時。這本書結集三代「香港記者」的報道，也算是傳承的最好見證。

主編關震海　2023 年 10 月 19 日

祭

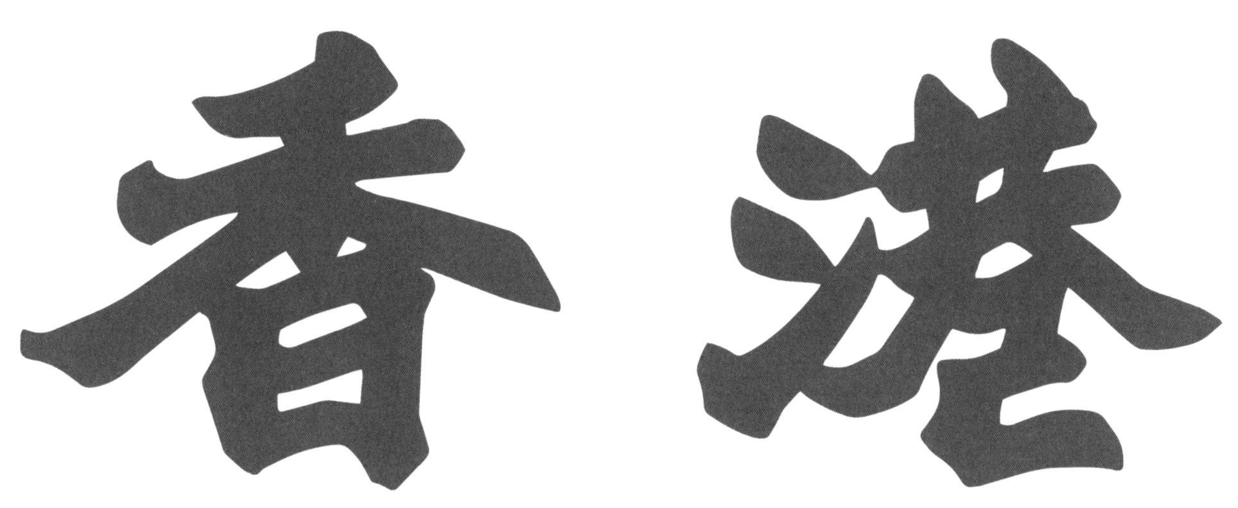

2023年9月1日蘇拉颱風襲港，吹倒盂蘭勝會的戲棚，鐵棚被吹塌，一片狼藉。一場暴風雨，港人才發現傳統的盂蘭勝會已沒有用竹棚！香港各式各樣的祭祀如十年一次的太平清醮、每年一度的天后誕，有失傳、更新，亦有承傳的部分。傳統祭祀，先人傳下來的靈魂，後人勿失勿忘。

01

執骨師第三代 鍾家樂

塵歸塵 土未必歸土——

採訪：江麗盈
攝影：劉玉梅、何家豪

金塔是模仿女性的子宮，執骨之後，逝者骨殖會安放在金塔，寓意回歸母胎，代表著塵歸塵、土歸土，有飲水思源的意思。據《葬經》記載，古時的人甚少起骨遷葬，隨著朝代更迭、戰亂頻生，古人千辛萬苦帶著放著先人骨殖的金塔走難遷徙。據説，元朗錦田的鄧氏家族，始祖到香港之後，曾經回去江西，將祖先的金塔送回香港。

今日選擇土葬的人已少，移民的人多，替先人安葬執骨的人仍留在香港，見證香港變遷。

位於將軍澳的墳場，其中兩段封起圍板，將土葬地改建成靈灰安置所，地盤的天秤吊起鋼材，震耳欲聾的打樁聲劃破四周的寧靜。在地盤附近其他段數的墓碑，井然有序、面朝大海，默然望著這片土地的變化。煒晉石廠在八十年代高峰期擁有三十多人的團隊，每月為八十至九十位先人執骨，現時每月執骨的宗數近乎減半。為先人進行骨殖撿拾的執骨師隨著土葬減少、執骨需求下跌，缺乏新血入行，石廠第三代傳人鍾家樂擔心執骨的手藝會慢慢失傳。

執骨事業今非昔比

「八十後」殯葬禮儀師鍾家樂，是煒晉石廠第三代，中五之後出國讀書的他，在大學畢業一年後才投入家業，一做十數載。他行經[1]灰樓的地盤，無不感觸：「中四、五暑假便在這些地方、段數打滾……看到這裏天秤、落樁，有很大感受。」鍾家樂回憶，中二暑假第一次執骨，就在將軍澳這個墳場。那時每日要為八至十位先人執骨，由最初在旁觀察、隨即幫手拆墓碑、搬石搬泥、用翻啄（十字鎬）拖走棺材板、到後來戴起手襪學習執骨，從一些細骨學起，再到胸骨、肩胛骨。約一個月後，他首次跳入墓穴替先人執骨。

六、七十年代的香港，先人離世，大多入土為安。因應墓地規例或傳統風俗，先人入土一段時間後，會開棺進行骨殖撿拾（即執骨），後來亦有些親屬會選擇將逝者骨殖火化，將骨灰安置在灰樓。自政府在七十年代開始鼓勵火葬，公眾逐漸接受，時至今日每年火葬宗數佔香港死亡人口逾九成，選擇土葬的大約只有5%，執骨的數字亦持續下跌。以2020年的統計數字為例，開棺執骨的數字，較2000年下跌近千宗至約2,800宗。

拆碑起泥開棺　先執三件骨

鍾家樂與弟弟繼承父業，為執骨事業營營役役。鍾家樂說，不同的執骨師傅，手法略有不同，但步驟相若，大致可分成：「拆掛山」（即拆除墓碑）、「起泥」（掏空棺材四周的泥土）、「開天面」（即打開棺材蓋）、執骨。有需要時會削肉、以清水洗骨，最後視乎家屬安排，將骨殖安放

03

在金塔，或送往火化。

鍾家樂提到，在拆除墓碑之前，會因應不同的宗教信仰或風俗，進行簡單的儀式，譬如基督徒會默禱、按中國民間風俗會拜土地、向先人嗌聲「起身」，才開始拆墓碑。在開棺前也有不同風俗習慣，有些宗族會開一把黑傘，遮掩先人的頭部，亦有些會先敲棺木才開棺。至於執骨次序，有些風俗是「出頭執落腳」，亦有「由腳執上個頭」。不過，現時食環署有規定，要成功執起先人的胸骨、盤骨、及大腿骨，才可合法撿拾。

真正化體似黃金「唔化」對家屬打擊大

行內流傳真正的化體就像黃金，因此有「執金」之說。鍾家樂解釋道：「真正『執金』的意思，是因骨殖的顏色呈黃金色，敲下去傳出『鏗鏗聲』，從此便稱之為『執金』。」坊間有一說，指先人骨殖上若然有肉，

04

05

1 即靈灰安置所。

削肉有為後人擋劫的寓意，鍾家樂則不太相信，如非必要是不會削肉，「後人當然期望我會『化得好』，撿拾先人的骨殖，甚至可以不用沖洗，直接去葬金塔、坐正，這個確是對後人一種庇蔭或者福氣。」

鍾家樂從事這行以來，難免遇過有先人遺體[2]「唔化」。鍾家樂說用以前的標準，骨與肉相連，便叫作「唔化」；但按現時標準，遺體「唔化」則可以理解為未能成功撿起先人的胸骨、盤骨及大腿骨，屬於未能合法撿拾。

遇到這情況，通常要封棺半年再執骨、或改為吊棺火化。鍾家樂坦言，不少家屬再見到先人遺骸，情緒難免波動，想起很多跟逝者的往事。「家屬見到骨殖，好似見到先人屍骨未寒，他們情緒會比較波動。」有些家屬見到先人遺骸會聯想很多負面事情，甚至臆測自己做過某些事令先

[2] 廣東話「唔化」，即揶揄一些人食古不化。在執骨業「唔化」，表示未能成功撿起先人的胸骨、盤骨及大腿骨。

09

人遺體「唔化」。為免家屬胡思亂想，鍾家樂通常以科學角度耐心解釋，譬如棺木太靚，將先人遺體保護得太好；陪葬品太多或土壤問題，製造不到適當空間去種菌；又或是先人曾注射防腐劑、生前食太多藥，這些化學物質形成保護作用，影響骨殖腐化程度。

「四眼哥」的執著　一骨也不能少

執骨師為先人辦事，講的除了是一門手藝，亦講求態度。鍾家樂自言他的執骨工夫及態度，是承傳自一位與他以叔姪相稱的資深執骨師「四眼哥」。在鍾家樂眼中，這位師傅年屆六十，但為人「嬉皮笑臉、說話像小孩」，不過「四眼哥」每當執骨，他就無比認真。有次，見他俯身檢視剛執起的骨件，鍾家樂以為已經執齊，「四眼哥」卻當場喝斥：「當然未執齊啦，你看甚麼呀！」說罷繼續執骨，直至他找到先人肋骨旁邊的細骨，一骨不剩，才叫「執齊」。

「『四眼哥』有槿對於先人的尊重，這種精神影響著我和弟弟。他是那種人，你應承了別人，便要做得好。」「四眼哥」兩年前離世，但對後輩的影響一直延續，鍾家樂正在寫一部關於殯葬的書籍，首頁寫著的是：「獻給天上的四眼哥」。

殯葬愈趨簡約　行內青黃不接

鍾家樂跟弟弟投入家業，他們年近七旬的大伯最為高興。大伯憶述，未入行前他從事製衣業，但隨著工廠北移，他在1984年轉行投入家業，跟鍾家樂的父親一同承接墳場工程。初入行時，一個月要為八十至九十位先人執骨，試過要聘用三十多人一起工作。以往工作辛苦，親戚對他的工種亦時有微言，但大伯覺得，親力親為更心安理得。大伯曾對鍾家樂說：「自己有份人工，又幫到人，如果每個人也畏懼（殯葬業），那誰去處理先人的後事？始終要有人做！」

目前香港並非無地可供土葬，公營墳場有四個設有土葬地，當中和合石墳場開放予所有市民申請，另外三個只供原居民或當地居民申請。在這些土葬地下葬逾六年，必須撿拾或遷移，通常第七年會執骨。而華永會轄下的墳場，每年有永久地推出供市民抽籤；另有十年地，部分可續期，而非續期的十年地，在年期屆滿後亦需執骨。

普羅大眾在喪葬事宜上愈趨簡約，鍾家樂不禁感嘆：「後人在喪葬模式儀式上但求心安理得，他們會選擇更方便、簡約、經濟的方法去處理。」加上新一代對不同傳統風俗、殯葬儀式的認知漸趨薄弱，鍾坦言擔心執骨文化會漸漸失傳。不過，鍾家樂始終相信「土葬永遠都會有」，預計土葬數字維持在死亡人口的5%左右；而執骨這門手藝，在未來不至於會完全沒落，但是「骨就一定會愈來愈少，未來可能未必有專人去做這件事了。」

01. 執骨後，將骨殖安放在金塔。

02. 「八十後」殯葬禮儀師鍾家樂是煒晉石廠第三代，大學畢業後一年投入家業，一做十數年，對行內狀況的變化頗有感受。

03. 打開棺材前亦有不同風俗習慣，有些宗族會開一把黑傘，遮住先人頭部，亦有些會先敲一敲棺木才打開。

04. 在拆除墓碑之前，會因應不同的宗教信仰或風俗，進行簡單的儀式。

05. 執骨前要先拆除墓碑、掏空棺材四周的泥土。

06. 大伯現時較常做山墳工程，經常要用搬運車將材料及工具搬上山。

07. 大伯憶述，八十年代初入行，一個月要為八、九十位先人執骨，試過要聘用三十多人一起工作。

08. 香港移民潮再現，先人的骨殖應該是去還是留，鍾家樂説應交由親人決定。

09. 執起先人遺骸後，執骨師會檢查是否齊骨，亦會著手清潔骸骨。

10. 香港地小人多，生死同路，土葬的空置愈來愈小。

11. 鍾家樂相信，執骨這門手藝，在未來不至於會完全沒落，但「骨就一定會愈嚟愈少」。

10

11

嗇色園黃大仙祠
喜迎壬寅年新春
恭祝全港市民善信
萬事勝意
龍馬精神
黃大仙師保平安
福壽康寧

花牌設計師 蔡榮基——

在時代巨輪穩中求變 苦中帶甜

父親蔡創上世紀六十年代開始做花牌，早年經營一間花牌製作公司，身為兒子的蔡榮基小學時已開始接觸花牌。初時由低做起，父親交給他一些簡單任務，如摵紙花、打開紙花和安裝燈泡等，中學時開始落手搭棚，裝上花牌。蔡榮基師傅表示，當時純粹為了賺零用錢而已。

蔡榮基接手父業之後，不斷創新求變，以錦花替代紙花、真花，成為業界一時佳話；他更將這門非物質遺產的設計工藝傳到日本、美國。有危便有機，每次遇到危機，蔡榮基動一動腦筋、花點心思，將花牌的光芒承傳下去。疫情之後，花牌公司只餘不足十間，蔡榮基仍力挽狂瀾，說到承傳，仍是困難重重。

01

孝子從父業

農曆臘月[1]底某個黃昏，黃大仙祠門口停泊了兩輛貨車，四位師傅甫下車即落手搭竹棚。

「阿康左面一點」、「阿豪右面低一點」、「明哥差不多，就這樣」。一眾師傅充滿默契，大約兩小時搭好竹棚。然後將花牌組件，逐一吊上去紮好，一小時後就裝好了新年用的花牌。完工時剛好天黑，亮起花牌上的LED燈，奪目璀璨，照亮整條街。

整個過程由「榮基花牌」的老闆蔡榮基親自督師。

[1] 農曆12月 「臘月」，古時同稱「蠟月」。「臘」在古時指「冬季的祭神敬祖」，故在12月舉行。

採訪：橫山克惠
攝影：劉玉梅、部分相片由受訪者提供

花牌業，是沒有假期的職業。蔡師傅自小羨慕同學們歡天喜地與家人歡渡聖誕、暑假，自己卻手忙腳亂幫助家業，工作環境污糟邋遢，每逢下雨天蟑螂在腳下亂跑為伴。蔡師傅坦言，小時候不喜歡父業，直至中學畢業之後，眼見父親獨挑大樑相當辛苦，便進入公司減輕父親的負擔。年少氣盛的蔡師傅與父親的想法背道而馳，每行一步也得父親的批准，他有感難以發展。父子磨合需時，直至父親漸漸放手，蔡師傅多了自主空間，才對花牌萌生興趣，主意多多的他更開始嘗試很多新元素，革新花牌業。

花牌其實已有約百年歷史，隨著時代不斷演化才能生存至今。蔡師傅從翻看舊書籍的記載，得知初期的花牌類型很簡單，不但沒有燈泡紅布，連「花」也沒有，只有一堆文字，主要放在農村的田園。上世紀三十至四十年代，花牌愈來愈多，有的僅用少許鮮花，紙上手寫「開張」、「結婚」等喜慶字句。那時候還不需要搭棚，在騎樓露台一紮便可。之後隨著鮮花的價格上升，行業轉用紙花，節省成本。

「這樣守住做下去，不是一個好方法，應該想想如何再做得好些，嘗試以前沒人用過的物料、沒人做過的方法和設計。」蔡師傅認為花牌業要保留傳統，也要力求創新。

首創錦花 業界仿傚

一個花牌，內有乾坤，部件多多，其中最不可或缺的就是「花」。早期花牌用鮮花，成本高而且很快凋謝，於是業界逐漸用紙花替代鮮花。可是，紙花日曬雨淋容易褪色或溶爛。蔡師傅幾經鑽研，在九十年

03

04

代首創以鎅花替代紙花。鎅花有光澤，在花牌燈光下閃閃爍爍，耐用又耐看，這種「革新」手法，很快得到業界肯定，其他花牌公司紛紛仿傚。

另一種重要部件，就是燈泡，以前用鎢絲燈泡，現在加入了新元素，如霓虹燈、LED燈等。書法文字亦跟以往不同，以前由書法師傅手寫，現在用電腦列印出來，簡單方便又不失優雅。有時如想花牌更耐看，蔡師傅還刻意在印字上面多灑一些金粉，閃閃生輝，意頭十足。

昔日花牌上的繪畫，也是師傅的手筆，如今與文字一樣，一概用電腦印刷代勞，猶存在世鮮見的人手繪畫，大多數都是前人繪製而留下來沿用至今，有時修理整飾一下再用，尤其在蔡師傅父親的年代，師傅畫的題材比較廣泛，除了瑞獸之外，還有財神、門神、乃至八仙等圖案。

以前各家公司，也可以用花牌主體顏色以作區別，每家均有其特色，一看就知道是哪家的作品，時至今日僅存下來的公司本來已不多，

05

亦沒有明顯的分別。蔡師傅就喜歡紫色，所以有時用紫色布圍邊，象徵「大紅大紫」！

現代的花牌，首先在工廠製作很多組件，然後將組件搬去需要裝上花牌的地方，再即場組合而成。有些圖案如孔雀、龍柱等包含不同的組件、尺寸及形狀，蔡師傅亦瞭如指掌，而組合過程均不用膠水，只用鐵線竹篾以及釘書機組合不同部件。

首次衝出亞洲 花牌屹立不倒

談到歷年最難忘的一次經驗，就是他到美國製作花牌，這次也是他首次將花牌衝出亞洲。2013年做西九大戲棚時，有美國藝術團體前來欣賞蔡師傅的作品，繼而發出邀請。2014年，在華盛頓舉辦的《史密森尼民俗節》，蔡師傅帶來兩個貨櫃的組件及竹枝，在美國國會前的公園，搭建一個濶近40米，高12米的巨型花牌。

該花牌設計獨特，中間還有個雙面的門口，一面用傳統的紅色布圍邊，另一面就打破傳統，改用綠色布製作圍邊。設計的原意為，站在兩邊不同的人，透過中間門口互相溝通，寓意深邃。蔡師傅表示：「其實那時候壓力很大，因為連美國電視台和香港攝製隊都過來拍攝，當時確實有很多擔心，例如製作環境及製作時間是否足夠、最終又做得好不好、萬一帶漏材料或部件，也未必能在當地及時買到，令製作告吹等等。慶幸最後得到空前成功，所有擔心的事，後來回想也是一笑置之。」

另一個在蔡師傅眼中同樣具挑戰性而難忘的，就是參展2018年在日

06

本東京KITTE商場舉行的《香港週—Greater Bay Area Showcase》。當時香港旅遊發展局的人戲謔：「日本有地震，花牌會否倒塌呀？」，蔡師傅笑言：「問得好！」他解釋道，其實花牌基本上不會因一般外力影響而倒下來的，除非大廈直接倒塌，或是地面受力突然之間變到凹凸不平。

竹枝渡東瀛甚艱難　以鋁架代竹棚

既然地震不是問題，加上事前工夫差不多備妥，一切以為安心之際，在準備安排運輸的一個星期前，突然收到日本製作公司查問：「你們用到的竹枝，會不會有蟲呢？日本海關的檢查很嚴格，如果他們只要找到一條蟲，全部也會被沒收燒毀的。」

07

08

蔡師傅擔心若真的因「一條蟲」而需燒毀所有竹枝，屆時根本做不到花牌。經過悉心考慮，他馬上決定用鋁架代替竹棚，花牌組件上的竹枝竹篾亦全部更換為鐵線，如果需要用木材，就等到埗日本後才購買。不過，傳統的組合方式，卻未有因此而改變，蔡師傅堅持不用燒焊，全部要用紮的方式，因而改用鐵線紮花牌。另一個要面對的問題是，日本電壓與香港不同，所以電線及燈泡等，全部均到埗後才購買，然後馬上加工。這次的順暢應對，皆源於 2016 年蔡師傅去法國參展時發生過類似問題而累積的經驗。

日本人非常尊重蔡師傅，稱他為「Master」。蔡師傅亦趁此機會，接觸到日本文化，日本人做事認真而細心，工廠也非常乾淨，用完工具會馬上收拾執妥，一切井井有條，他非常欣賞日本人這種工作態度。經過幾次的海外參展，蔡師傅已知道怎樣處理花牌出國事宜，尤其是報關手續。反而每次要到中國大陸，每一次都會遇上麻煩，即使有批文都未必可以順利成行，這個星期沒問題，但是下個星期隨時只消一句，就令整個計劃告吹，大陸每個地方，規矩也不一樣，令人無所適從。

途人打卡是一種推動力

蔡師傅多數一個人在晚上開工，一做就幾個小時，先畫設計圖，然後製作作品。他要求自己要盡量做到最好，所以從不介意對自己苛刻「殗殜聲悶」（粵語：殗殜聲悶，意指挑剔苛刻），皆因好的基礎功夫，自然可以做出獨特的創作，滿足客人的要求。

蔡師傅坦言，有時會站在花牌旁，觀察路人的反應，當發現很多人影

10

相，聽到「嘩！好靚呀！」，或於網絡上看到對作品的讚美時，會感到很滿足，亦很享受觀察途人欣賞花牌的樣子，蔡師傅說這是堅持下去的動力。

現代社會偷工減料之風盛行，有些材料的質素愈來愈差，有時想保存傳統的風格也有難度，迫不得已換上其他材料，感覺與傳統略有不同，但是沒有辦法之下也得妥協。

專注穩中求變，當中有苦有甜，例如下一個花牌鑽研了新設計、新材料或字體，結果一出街，一旦有口碑，不足一個月就被其他花牌公司抄襲。蔡師傅慨嘆，無法阻止此風氣，始終這不是一種專利。

堅持傳承 逆流而上

花牌既用於喜慶，有時白事也會用上，幾年前父親過世時，蔡師傅親自設計及紮出父親專屬的花牌，於葬禮上為他送行。花牌製作這種非物質文化遺產，在香港後繼有人？蔡師傅坦言有難度，「製作花牌太辛苦，旺季做足一日也未完成，累了直接睡在工廠，辛苦到喊。」因此蔡師傅也不建議子女繼承。

蔡師傅續說：「現在年紀大，體力方面也沒有以前好。5、6月天氣開始很熱，透不到氣，外面露天工作容易中暑，得病的機會比以前多了，而且這份工作，始終帶有一定危險性。」蔡師傅於2019年曾嚴重受傷，用機器時切斷了右手的筋，手術經歷幾個小時，經過物理治療後，如今已逐漸康復，「但是始終都沒以前那麼靈活，亦沒以前那麼用到力。」

經營公司，自然有成本效益的問題。現今人工愈來愈貴，保險費亦隨日而增，材料成本上漲自然經營困難。「如果公司結業，有些行業可以變賣庫存和工作設備，但是花牌多數賣不出，送給人都沒人要，花牌太大沒有地方保存，亦不值錢，隨時要找人像清垃圾一樣，所以沒人投資這個行業。」蔡師傅唏噓道。

疫情期間，神誕、盂蘭勝會、傳統習俗祭典等也一概停辦，蔡師傅透露現在只餘五間花牌公司，「『榮基花牌』亦少了差不多九成工作。這行業成本很高，誠然好難捱。當然，我們仍希望捱得過這個難關……」

花牌，是香港獨有的手工技藝，非物質文化遺產之一。竹要紮得穩，花的配襯和組件要因時制宜，當中有的是功夫和創意，可惜佇立在大街的花牌始終是一刻璀璨，成本、風險高，入行及投資的人愈來愈少，承傳問題開始引起關注。蔡師傅仍然會繼續研究，怎樣能守住這門傳統手藝，繼續加入新元素，同時推廣花牌手藝，希望讓更多人認識和認同，令「花牌」不會被香港人遺忘。

01. 元朗東頭圍的新年花牌，蔡榮基師傅喜歡的紫色布圍邊。

02. 每逢喜慶祭祀，古老鄉村亮起紅紅花牌，特別醒神。

03. 蔡榮基研究百年前花牌，當時設計簡陋，連花也沒有。隨年代轉變，他亦首創銻花，色彩比以前鮮艷得多。

04. 蔡師傅於昔日的花牌繪畫前講解花牌歷史，今日花牌以顏色、燈光耀目，最緊要搶眼。

05. 四位師傅在牌匾下搭竹棚，默契十足。

06. 首次衝出亞洲，在美國華盛頓搭竹棚的蔡師傅。（相片由蔡師傅提供）

07. 美國華盛頓國會前搭起闊近 40 米，高 12 米「天天向上 好好學習」的巨大花牌。（相片由蔡師傅提供）

08. 2017 年香港回歸 20 周年特別船上的「海上花牌」，蔡師傅希望能於 2022 年回歸 25 周年時再度製作船上花牌。（相片由蔡師傅提供）

09. 在日本稱為「花牌 Master」的蔡榮基慨嘆，花牌技藝難以傳承到下一代。

10. 花牌是由不同組件製成，師傅在工場先製作色彩繽紛的孔雀頭。

11. 花牌被例為非物質文化遺產之一，業界未知能否將香港這門獨有的藝技傳承下去。

11

喃嘸師 梁俊——

溝通陰陽 生死兩安

01

生死兩茫茫。

人生最具儀式感的告別，可能就是自己不能參與的喪禮。更確切地說，喪禮是生者為逝者求平安之路、安息之所。靈堂掛上遺照，布置鮮花，親友前來追念……

在香港，如果沒有指定的宗教儀式，如佛教或基督教，一般人都會按民間習慣，請「喃嘸師」來為逝者主持一場儀式。喃嘸師披上道袍，口中念念有詞，內容聽上去似懂非懂，不過生者就是祈求，跟隨喃嘸師做了這些儀式，逝者之靈就能安頓，在他世界有所「寄身」，在天之靈，會護佑在世生者。如此，生死兩相安。

採訪：廖俊升
攝影：伍永健、廖俊升

旺山：墳頭設好，稟土地稟神

農曆十一月初五吉日，早上9時，元朗山頭墳場四處無人，只聽見鳥聲風聲，寒風刺骨。喃嘸師傅梁俊身穿道袍布鞋，口叼一根煙，默默在一個墳頭前放下一袋祭品，等候主人家上山。

主人家到了，「早晨師傅，麻煩師傅」，雙方客氣地打招呼，交代[1]「旺山」儀式步驟。梁師傅跟長子在墳頭頂掛起俗稱「紅」的紅布，在墳前鋪上大紅紙，擺放雞、白酒、燒肉、蘋果和煎堆等祭品。

[1] 設墳、立碑，象徵死者到了「新居」。

梁師傅披上一件紅袍，一手執鑼，一手執棍。儀式正式開始，梁師傅敲打小鑼，著主人家手執線香，對祖先拜拜，「一叩首、再叩首、三叩首，多多叩首。」

他誦廣東話經文，主人家則一邊上香。念畢，梁師傅把一碗飯交給長子，再傳給弟弟和母親，「丁財兩旺，發發達達、身體健康，拜三拜……」再給他們蘋果，象徵平平安安，「以前我們會吃，但現在不吃了。」

喃嘸經文 口耳相傳

「喃嘸」（說話低聲而不絕）是粵語中最接近梵語「南無」的音譯，佛經中常出現「南無」兩字，意思是敬禮、皈依。一般人把佛教和道教混淆，將在喪禮中主持道教儀式或其他拜神活動的民間道士稱為「喃嘸師」，嚴格來說並非真正的道士，是執行道教儀式的「職業道士」，又稱正一派「火居道士」或是民間道士。梁師傅說，以前坊間多叫他們做先生、老師或師傅。《清遠縣志》提到：「古者喪事，設齋打醮，俱延僧侶，惟邇因各寺久廢，故打齋打醮，皆因火居道士為之，俗稱喃巫佬。」正好解釋了古今喃嘸職責，皆以辦喪、打齋和打醮為主。

「我們叫喃，不可以叫唱，不然怎麼叫喃嘸？」梁師傅把經文誦得順口且有節奏，口裏吐出的經文，一代傳一代，口耳相傳，沒有經書可鑑。據人類學學者[2]志賀市子著作《香港道教與扶乩信仰：歷史與認同》記載，喃嘸經典並不是全部有文本，或需口傳背誦，而師傅一般要學禮儀和畫符。

所謂旺山，就是家屬為先人立碑之後，擇吉日酬謝神明的法事，與建屋或入伙同理，以酬謝神恩，也希望祖先安安樂樂，並保佑在世者。

做儀式時，梁師傅誦出一連串經文，喃喃自語、語速快且順暢，外人難免困惑，他們到底在說什麼。梁師傅解釋，他是用經文請祖先、請神、請土地。「去每個地方也會請土地，像去哪裏都要稱呼人一樣。我們請神下來，說這位老人家走了，墳頭設好，要旺山，稟土地、稟神，告訴他們。」

四代喃嘸　對逝者莫戲

44歲的梁師傅四代做喃嘸，他13歲被學校開除，開始跟爸爸學師，「東西一拿上手，爸爸就說：『你注定吃這行飯』，然後就開始做，做到現在。」他們一家技藝由廣東的東莞傳下來，父親和哥哥目前同為喃嘸師。

梁師傅說，最初入行只幫助收拾、整理，擺設神壇、疊元寶，當時並無薪金，只獲師傅發交通費。待師傅覺得「是時候了」，就可以做些細節，主理科儀。

「我認為你可以了，才會給你薪酬。這絕對不是兒戲啊，關乎死喪，哪可以鬧著玩？」

到底怎樣才算「是時候」？他也沒有答案，只稱要一邊做一邊學，看天份也看緣份，「沒有學滿師。我13歲到現在44歲，學了31年，仍然在學習。」

2 志賀市子，日本筑波大學歷史人類學研究科博士，現任茨城基督教大學教授。主修文化人類學，研究中國華南地區的道教和民間信仰、東南亞華人宗教文化。

04

梁師傅育有兩女，女兒家不能做喃嘸師，哥哥的兒子才幾歲大，不知日後會否繼承衣缽，梁師傅因此把所學傳給徒弟。有些人在殯儀館向他拜師，有些是家長推薦入行，有些人想認識何謂喃嘸。但梁師傅說收徒弟靠緣份：「如果你是為了錢，我勸你不要學好了。」

院出

喃嘸師每日行程緊湊，做一場喪事要東奔西跑。梁師傅上午為一家做過旺山，又要趕到醫院殮房，為另一家人做「院出」，即出殯儀式。「第一是[3]買水，買完水替先人洗面，然後入殮，入殮後，摺疊好金銀衣紙。讓大家瞻仰遺容後，封棺，[4]運財，之後便出殯。」梁師傅說。

火葬

穿著孝服的孝子賢孫在醫院辦好手續，助先人下棺，親友排隊逐一瞻仰遺容。工友為先人蓋棺，喃嘸師傅在殮房外面開路，把棺木送上靈車，運載至火葬場。

辦喪者眾，戶外火葬場車路擠塞，一輛輛靈車、旅遊巴接載家屬到場，多位喃嘸師進進出出，碰面時點頭打招呼。通天的煙囪噴出黑黑濃煙，現場煙霧瀰漫，意味火葬儀式完結，親友步出火葬場，用柚子葉水抹額頭，清除污氣。

喪儀

完成火葬禮儀，梁師傅又要趕下一個行程，往道堂辦喪儀。一眾喃嘸師和道徒在道堂內分工清晰，梁師傅打鼓，有人拉二胡，有人摺疊衣紙元寶，有人打鑼，有人吹「啲打」（嗩吶），有人誦經。

梁師傅說，做喪禮儀式是功德禮儀，皆因送往生者最後一程，是「功德無量」。功德儀式複雜，多以喃經為主，先是「開壇」，然後「請神」，繼而「召靈」。

然後是常見的[5]「破地獄」，喃嘸師在道堂外放一小盆，盆中有燃燒的元寶和線香，盆邊放了九塊瓦片，代表九幽地獄。四位拿著樂器的藍袍喃嘸師，和一位插著元寶道劍的紅袍喃嘸師誦經，與手持先人靈牌的孝子，圍住小盆走幾圈。喃嘸師會用劍把瓦片逐一擊碎，替亡者開路；在空中向下方的盆噴出口中的水，令火舌向上猛燒，象徵把亡者救出地獄烈焰。之後拿紙紮的「金橋」、「銀橋」，做「過橋」儀式，送亡者離開等，每個儀式也念一段經文。

一輪儀式完結，已是傍晚，忙足一天的梁師傅終可稍作休息。「你跟了一整天，覺得辛苦嗎？說真的，你看我好，我看你好，每一行都是這樣。」

時移勢易 一切從簡

梁師傅形容喃嘸師是「律師」，替亡者與陰間交往。「我個人覺得像請律師一樣，告訴地府這個人走了。」他又舉例，人們買地建屋時，會請喃嘸師「燒陰契」，燒金銀衣紙給這塊地的祖先，告訴他陽間的人要來買這塊地，就如當交易的中介，「我們算是半個律師，要簽文件，簽陰契。我請祖先來，告訴他們，現在要買你的地蓋房子。」

從早到晚，梁師傅好像在忙著做陰陽中介，儀式皆與喪葬有關，他急急澄清：「我們不只是做殯儀！」其實喃嘸師紅白二事皆做，紅事如太平清醮、旺山、喜慶開張或者立屋契。梁師傅憶述，以往香港多水上人家，每有漁獲都會做神功、拜天后賀慶，差不多每天都做一壇，年終會更多。

惟時代變遷，愈來愈少人請喃嘸師做喜事，才令坊間覺得喃嘸師與白事掛鉤。「這個年代，時間上少做了儀式，但工夫卻沒減。以前這一行下班很晚，現在呢，有些主人家會問我，時間可以安排早些？其實就是人們心態上跟以往不同。」

05

06

[3] 從前先人大殮前，長子負責到河溪取水為先人潔淨。

[4] 喃嘸師引領親友環繞靈柩一周，取意帶來好運及祝福。

[5] 打開地獄之門，引領逝者的亡靈逃離地府，進入輪迴。

宗教習俗百花齊放，社會步伐急速，有主人家因為工作繁忙，難以應付需時多天的打齋科儀，所以除了少用道教辦紅事，連白事儀式的時間也縮短。據志賀市子的研究，以往富裕人家每逢頭七、三七、五七、尾七也要在道館用功德法事追善供養，供七七四十九日，現在則於三七前後。

梁師傅語帶唏噓說，以往一位家人走了，會有一行列的人送殯，如今愈來愈少人拜祭，至於打齋打多久，就要看主人家的能力，「說真的，晚上肯打一堂齋已算很好。現在很多人做『院出』，跟我說『師傅，不如直接出殯算了』，甚麼都不會做。」

見盡蒼生 化善功德

梁師傅說，見過七老八十者，在醫院安祥離世，是笑喪；也見過年輕人死於意外，親友哭崩道堂。「做這一行，彷彿人生所有事情都學會了。」

每次步入靈堂，梁師傅心裏也想著一個「善」字，就是尊重逝者和家屬。或許，喃嘸不只超渡先人，也是替在世者做一場撫慰心靈的儀式，「對生者死者都是安慰」，梁師傅說。

儀式做盡了，先人會否知悉？梁師傅笑言，自己不曾離世過，不知死後會往何方。「我常常說，生前對逝者不好，死後做甚麼都沒有意思。但我們做化善功德，會有些安慰，心靈上會好過一點。」

這三十年，梁師傅見盡所有人，或富或窮，野蠻或善良，他覺得這些人都懷著一個信念：為先人辦最後一件事，但求「心安理得」。「他們覺得做每件事，都是為了先人。但我覺得，是他們祈求心安。我做殯儀這麼久，每次做完，他們都說：『謝謝啊，師傅！』有這句話，對我已經足夠。」

01. 喃嘸師唸經文「破地獄」，主要是為了替亡靈開路。
02. 家傳四代喃嘸師梁俊，每逢做法事，也會穿整齊道服。他喃經三十年，見盡人生無常。
03. 喃嘸師唸誦經文，超渡亡靈。
04. 梁師傅在葬前，為主人家做旺山法事，冀求一家丁財兩旺。
05. 每場法事，現場總擺放多盒祭品。
06. 紙紮祭品「金橋」、「銀橋」，送亡者「過橋」離開凡塵。
07. 梁俊形容喃嘸師的工作像「陰間律師」，替亡者辦理「陰契」，替後人告知先人傳達賣地事宜，也會替死者到陰間「報到」。
08. 做法事科儀，喃嘸師會敲擊奏樂、伴奏經文。

07

08

2023 年上映的香港電影《燈火闌珊》霓虹燈師傅楊燦鑣曾言：「有招牌就有生意」。廿年來香港面對重建清拆、取締伸展招牌，光輝不再，舊式職人更是難以生存。時至今天，只能努力承傳，堅持到最後一刻。

香港

注意
BY ORDER OF HKSAR GOVERNMENT
NO TOBACCO PRODUCT SHALL BE SOLD TO PERSON UNDER 18 OR GIVEN FOR PROMOTION TO ANY PERSON
特區政府諭
禁止售賣煙草產品予十八歲以下人士或派贈煙草產品予任何人士
8元 2.5元 4元
防風
新報

01

半世紀報紙檔檔主 鄺德星

紙微報薄 只是近黃昏——

採訪：劉彥汶
攝影：劉玉梅

「10份夠不夠？不夠可以拿多一點！」報紙檔檔主鄺德星向一位前來買10份報紙的客人客氣的說。新聞在手機看的年代，竟然還有人朝早買10份報紙！鄺生對滿臉疑惑的記者解釋：「他是在彌敦道的同行，也是報紙檔檔主。」報紙業凋零，有檔主不再購入報紙，轉由鄺生代購，每朝走到鄺生的檔口購買數份報紙到自己檔口，減低成本，又可以充撐場面。

日落西山，夕陽餘暉映照下的旺角報紙檔，同行守望相助，顛覆「同行如敵國」的商業定律，也映照出一個不爭的事實——報紙檔正在倒數。

始於一個世紀前辛亥革命的報紙檔，是香港的街道文化，高峰期香港有過百份報章，是亞洲的資訊中心、中國文人走難的避難所。報紙檔由高峰期2,000檔降至今日約350檔；昔日報紙日銷三十萬跌至數萬。大半生在報紙檔的鄺德星看盡興衰，他說報紙檔已「不務正業」，主要賣香煙、水，2023年加香煙稅三成，若果將來無人食煙、翻報紙，報紙檔將關門大吉。

報紙檔始於革命 八十年代最輝煌

記者驟眼一看，鄺德星檔口的雜誌架上只有一本雜誌、一本通勝、一本香港地圖，「通勝是替同行買的，賣得出便賣，賣不出便退給他吧。」鄺生表示，香港地圖是舊的，早些年已放在報檔，三年新冠疫情令遊客絕跡，怎樣也賣不出，更唏噓的是這本地圖的代理公司也倒閉了。面對這種困境，有不少報檔選擇多賣不同類型的產品，例如玩具、零食、過時過節的用品等，鄺生坦言曾嘗試過在報檔賣零食，但「擺到發臭也沒有人要」。

一晃眼，鄺德星在旺角擺報紙檔已五十多年，七十年代僅十歲的鄺生跟隨父母開展報紙檔生涯。鄺生説，最初的檔口在人潮如鯽的西洋菜南街，當時正是報業風起雲湧的時代，「一個報攤擺了四十幾份不同的報紙！」晨早茶樓坐滿茶客，幾乎每人也手執一份報紙。廣東人稱為「嘆報紙」（享受報紙），新鮮印出的報紙，配上茶樓的一盅兩件，不論曾被喻為「印銀紙」的《成報》，還是昔日尚存的《工商日報》、《真報》與《紅綠日報》，反正每人拿著一份「心頭好」，飲茶醫肚增見聞。

報紙檔早於百多年前扎根香港。香港大學社會學博士莊玉惜於著作《街邊有檔報紙檔》寫道，第一個報紙檔由英文報紙《南華早報》（South China Morning Post）設立。《南華早報》是由謝纘泰創辦，謝纘泰是孫中山創立的革命組織興中會的第三號人物，反映第一代的報紙檔有濃厚的政治色彩。

戰後百業待興，報紙成為市民接收資訊的重要渠道，鄺生説七十年

02

代一份報紙才賣一毫，利潤微薄，跟很多香港人也一樣是「捱世界」。八十年代，宗主國英國與中國簽訂《中英聯合聲明》，香港回歸中國的命運一錘定音，但市民前途未明。鄺生稱其時大眾渴求中英談判的資訊，令報業「風生水起」，雖然當時也不算「好賺」，總算可「搵到兩餐」，「八十年代報紙銷量好一些，雜誌又多，公仔書（漫畫）都多。」

《明報》、《信報》「文人辦報」的風氣帶動報業，鄺生指黃玉郎的漫畫《龍虎門》掀起香港漫畫熱潮，也帶動報紙檔的生意。之後 1989 年北京發生天安門六四事件，興起一人買兩份報紙，政論雜誌暢銷，百花齊放，九十年代高峰期達[1] 2,500 個報紙檔。據九十年代自資出版的政論雜誌《開放雜誌》創辦人金鐘透露，像他們這種由幾位編輯撐起的政論雜誌，九十年代銷量達數千；據仍經營雜誌的傳媒人向記者透露，2019 年後出版消閒雜誌，銷量已跌破千。

[1] 據《香港 01》2017 年報道「街邊報紙檔數目大減 政府業主發展商有份趕走」

06

報紙檔的生存哲學

近十年紙媒衰落，暢銷報紙十多年前由日賣三十萬的銷量「直插」至十萬，報攤的收益亦大受打擊。2021年6月24日，《蘋果日報》發行最後一份實體報紙後停刊，一份銷量十萬的暢銷報紙，旺角每個報攤約日賣[2]40份，《蘋果日報》「消失」之後鄺生連這些微利也失去了。

縱使報業界的改變如何翻雲覆雨，鄺生還是每日天朦光開檔。各報紙的運輸代理商會在凌晨3時運送報紙至各銷售點，鄺生先取報紙，再於清晨5時回到自己位於山東街通菜街交界的檔口開檔。

由於報紙的新聞頭版（即A疊）、B疊及C疊是分開運送，因此開檔的第一個步驟要把報紙疊好。鄺生取得報紙後，便將B疊、C疊等版面夾進頭版內，而整個程序需大約1小時。有趣的是，報館、代理商其實並沒有要求疊報紙的次序，除頭版之外，報紙內B疊、C疊、馬經的次序全由報紙檔主所決定。有些檔主因應報紙當天的熱門新聞，把較受人氣的報紙版面疊在頭版，然後再疊餘下的版面。鄺生指自己並無考究，有些同行想透過調配版面次序，吸引街坊購賣。

[2] 2020年8月11日，《誌 HKFEATURE》社交媒體帖文「直擊（不是最終章）《蘋果》第一降落點一 MK」：做了15年報販的超哥透露，凌晨排隊買報紙的盛況從未見過，平日《蘋果》賣40多份，當日花十多分鐘已售罄190份。

07

報紙疊妥後，鄺生便會開始布置檔攤。七、八十年代約有40多份不同的報紙，如何全數放置在枱上也有一定的技巧。鄺生指出，他會選擇將銷量較高的報紙放在較顯眼的位置，銷量少的則放在較隱蔽的位置。雖然現時鄺生報紙檔枱上的報紙種類所剩無幾，也會看到這種擺放報紙的考究之處，例如他會把銷量較高的《東方日報》、《星島日報》等放在枱面，銷量不濟的《文匯報》、《大公報》、《商報》等放置於枱下的小櫃。

報紙寒冬 檔主肉隨砧板上

訪問期間一直有顧客前來購買報紙，記者觀察到鄺生似是擁有特殊的記憶力，他緊記着每位熟客所需的報紙，甚至有人只需要《南華早報》或《明報》內的馬經，他也記得一清二楚。鄺生總會在熟客到檔口前的數秒，已拿起他要的報紙，不過街坊只買報紙內的馬經，其他頁面豈不是無法出售？「橫豎只是賣一張『馬經』，其餘賣不出的，儲起來給拾紙皮的阿婆去賣吧。」

鄺生每天屈膝於長1.8米、闊0.45米的報紙檔營營役役。他透露縱使檔主有疊報紙的自主權，有權選擇刊物，但《蘋果日報》創刊之後有「回紙」制度，實際上沒有太大的選擇權，「無得揀㗎（並沒有選擇的），基本上代理決定給你甚麼書、給你多少就多少。除非書很暢銷，你可以要求代理加書，但也要視乎他們的決定。」

鄺生檔口現時的位置不算太顯眼，以前的檔口位於西洋菜南街及山東街交界、鑽石酒家旁邊，酒樓於1987年結業，新商戶先後進駐，他就被逼遷至山東街、通菜街交界。他說檔口位置不便，人流也不及西洋菜南街、彌敦道等檔口，再加上疫情的衝擊，令報紙檔「一蹶不振」。食環署自2000年成立以來，未有簽發新的報販牌照，至2019年恢復申請，可是據香港報販協會2022年統計，疫情下仍然營業的報攤激跌至350個。

日落山下 只有《競馬》跑出

受限於報攤牌照，報紙檔只能售賣水、涼果、利是封與原子筆等12款產品，這些產品根本難以糊口，「如果賣汽水、果汁，會被罰的；視乎收益是否夠付罰款，覺得好賣便賭一賭。」

報紙雜誌、零食、玩具已不是報紙檔的主要收入來源，香煙漸漸成為報紙檔的「主角」。鄺生說，報紙檔賣煙只能抽取7%的利潤。香煙確是好賣，但報紙檔離不開的定律是：薄利必須多銷，「好賺那些不會賣得多，好賣那些不會好賺。」2023年政府將煙草稅大幅增三成，一包香煙加至76元，相等於茶餐廳兩份早餐的價錢。無人買報紙亦無人買香煙，令報紙檔的生意雪上加霜。

記者見一份叫《競馬》的馬經被放在顯眼的位置，鄺生指該馬經確實銷量較高，「聽聞是以前《蘋果》做馬經創辦的，這樣會好賣些，本身有一班擁躉呀。」但他坦言愈來愈少人購買馬經，年輕人多數用手機看馬經，「馬經也是阿伯看，走吓又一個，走吓又一個（死去一個又一個），這樣便沒有了。」記者不禁心生疑惑，那未來報紙檔應該賣甚麼？鄺生苦笑道：「沒有甚麼特別東西賣，情況再惡劣就打算轉行！」

01. 鄺生笑著對記者說，只有一本雜誌及通勝是向其他行家借來「充撐場面」的，賣到就賣，賣不到就還給行家。
02. 鄺太也會跟鄺生一起開檔。
03. 每位檔販疊報紙的次序會有所不同，而鄺生則順著每個版面的厚度而摺疊。
04. 開檔的首要任務——張開帆布，再放置好那個由萬寶路贈送的報紙櫃。
05. 當鄺生取得報紙後，便會安坐檔口的一旁，開始為時約一個半小時的疊報紙程序。
06. 鄺生能夠牢記客人的「專屬」報紙。
07. 有一位客人只購買《南華早報》內的英文馬經。
08. 自由行不再，報紙檔售賣的香港地圖被晾在一旁。
09. 香煙是報紙檔第二大銷售產品，但也難以協助鄺生填補紙媒沒落後的生意額。
10. 自從紙媒沒落、蘋果日報結業後，報紙檔的報紙選擇「十隻手指也可數完」。

Post
SIMPLY NO
G US NOW
PAGE A4
2000動物
成報
SING PAO
1939年創刊
公正 客觀 求真
2022年1月
19
www.singpao.com.hk
2626 9999
2512 4542
A05
Hong Kong
6.34
10

SHIRAZ CABERNET SAUVIGNON
SOUTH EASTERN AUSTRALIA
HARDYS

01

勇利行李展韻 鑑物三十載

夜冷鋪輕撫時代的特寫

採訪：余惟明
攝影：劉玉梅

上環干諾道西電車路旁隱藏．間「懷舊店」，不少顧客被招牌所吸引，經前梯拾級而上，推開大門觸起鈴響，一個身影掠過戳破寂靜的街道，「你好，我叫 Annie 姐，這裏有好多有趣東西……」。只要你有心聽，老闆 Annie 姐也會逐一介紹店內大小古老董，她常言人有歷程、物有歷史，要講古物的歷史，一本書也不夠記載。

拆開懷舊店的包裝，勇利行實為一家夜冷鋪。「所謂『夜冷』，就是有些店鋪無錢交租，貨物押來拍賣，價高者得。」每當有歷史悠久的公司清理貨辦或結業，Annie 姐收到消息後便按時到場買貨。Annie 姐憑藉自小培養對古物的眼光，對歷史與市場敏鋭的觸覺，勇利行屹立中、上環三十載。

夜冷業在香港已有百年歷史，起初賣傢俬、杯碟碗筷；隨著大陸自由行到港，今日夜冷鋪轉賣電腦手機、參茸海味……。時移世易，無論物種如何改變，至今香港仍保存一些收藏具歷史價值的夜冷鋪。「好物沉歸底」（廣東話俗語，意指「好東西留到最後」），百年一遇的颱風照片、戰前的中華民國地圖與來自清朝的招牌，一一收藏在這間夜冷鋪勇利行。

02

一人運作夜冷鋪 開鋪標價好隨意

84歲的老闆李展韻，人稱Annie姐，退休前任香港瑪利亞幼兒園校長18年。適逢九十年代移民潮，在幼稚園結業後，她於1989年以150萬購入中環嘉咸街26號地下，開設勇利行。直至2014年因市區重建，遷至現址上環干諾道西40號東江大廈一樓，迄今開鋪逾30多年。

綜觀市面上大多夜冷鋪以「記」作通稱，此處卻選擇用「行」。Annie姐解釋鋪名，分別取幼子之名「勇」字，以及其李姓諧音「利」，「我覺得用『行』比較有規模，自己很多貨，用『記』貨源可能少點。」

勇利行早上11時開鋪，下午約3至4時關門，營業時間如此獨特，全因店鋪由她一人運作，她同時包辦入貨、分類、定價等多項工序。環顧四周，相互堆積、亂中有序的新舊貨品，並沒有明確標明價錢，Annie姐自言「不識貨」因無法明確辨認價值，有時僅靠記憶向客人「講價」：「今日開這價錢，我忘了，明日或貴一點、或便宜一點。你認為值得多少錢，我肯賣給你就行了。」

賣古董起家 近年轉平民化

今日將舊物循環再用是環保；保住有歷史價值東西可稱為保育，其實「夜冷」屬於一門既環保又保育的生意，海外皆有之。相傳「夜冷」一詞起源於葡萄牙語「leilao」，及後輾轉傳入馬來西亞「lelang」（經汕頭話將音調轉做「loy-lang」），再由閩南話變為粵語「夜冷」。香港歷史博物館名譽顧問鄭寶鴻認為「夜冷」來自於解作「叫價」的「Yelling」音譯，

03

故拍賣行又稱為「夜冷行」、「喊冷行」、「投冷行」或「冷館」。

夜冷一行神秘，入行要有門路。Annie姐兒時跟隨家人到中半山豪宅居住，家人曾收集英式擺設、酸枝古董傢俬、張大千、徐悲鴻真跡名畫等貴價貨。香港重光（1945年8月15日二次大戰日本無條件投降）之後，兄長李漢於1954年在荷李活道經營「平價館」買賣古董，勇利行的貨源是承接自兄長的老鋪，因而得到大量古董擺設與絕版翻印相片。勇利行近年為開拓貨源，逐漸走向平民化。

她憶及昔日參與拍賣會，競投期間無人叫價，拍賣品按照底價賣出，甚至有機會出現「流拍」的情況。競投人士為了以相宜價錢投得貨品，買家擬定策略協議彼此不叫價。有些流動商販拍得物品，立即轉手賣向其他店鋪獲利，而勇利行作為固定門市毋須急於尋找買家，Annie姐不參與上述「揸冷」的行為，即在拍賣會上推高成交金額，迅速高價賣出獲厚利。鑑於勇利行目前存貨過多，Annie姐於十多年前已停止收貨，有部分貨物更已轉贈、寄賣。

04

05

「二手店多數一般用過，即是舊。但我們夜冷九成也是新貨。」除要有足夠的貨量，存放「空間」才是決定經營的關鍵。東江大廈地鋪面積約千多呎，門外另有小型雜物房，只佔總貨量一成，其餘的則放置在中環三層倉庫，更重要的是勇利行的鋪位屬私人物業，免除租金壓力，否則難以支撐。

店內講古「相」傳記憶

Annie 姐帶著顧客探索勇利行的不同角落，她從木架中抽取一本相簿，翻開後逐一介紹，「這個是……颱風（溫黛）來到，相傳漁民對於天氣變化甚為熟悉，告訴天文台長卻不相信，結果颱風來到令好多人死亡，所以（天文台長）就自殺死。」

據香港政府檔案處所載，1962 年颱風「溫黛」襲港，期間造成 130 人死，53 人失蹤，2,053 艘小型船隻失事、沉沒或被毀，36 艘遠洋輪船受到影響，屬戰後最嚴重的風災。事後，坊間流傳「天文台長因錯估颱風而內疚跳樓亡」，天文台多次作出澄清，仍未能粉碎傳聞。

揭頁又找到香港百年的殯葬史。Annie 姐指著一張大型棚架相片說：「戰前的樓得兩層，很少人死在醫院，多數人死於家中，要搭個（喪）棚，棺材要由屋中抬下去。」追溯至十九世紀後期至二十世紀初，華人普遍在家壽終正寢，民間習俗「棺材不可從家門進入」，因走廊狹窄需從地面臨時搭建殯儀專用的竹斜台及樓梯，靈柩通過騎樓搬運至大街，並由儀仗隊伍引領奏樂，送葬親友緊隨其後，進行巡迴「遊街」出殯儀式，沿途吸引大量市民圍觀。迄今，喪禮移師至殯儀館進行，搭建喪棚文化在港近乎消失，在其他華人地區仍有保留。

舊相片凝固著時代記憶，從新聞大事、街道變化以及生活物品演變，往事重溫，喚醒一段段軼事彷如特寫，顧客聽著她的細語，霎時間回到昔日香港。

06

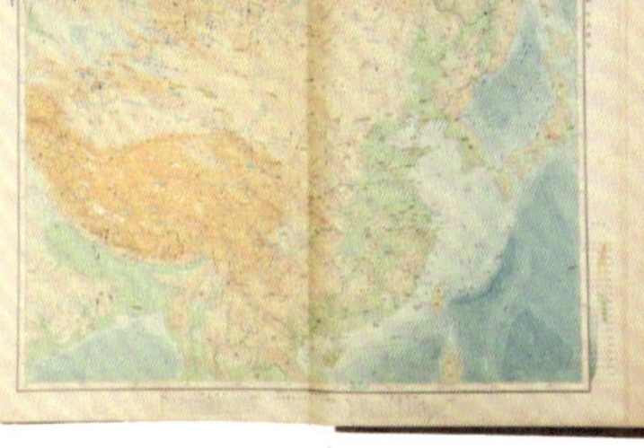

07

08

09

11

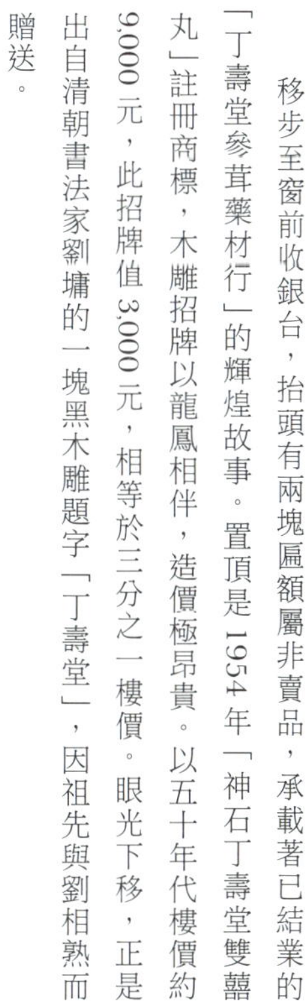
10

「丁壽堂」招牌 相等於當時三分之一樓價

移步至窗前收銀台，抬頭有兩塊匾額屬非賣品，承載著已結業的「丁壽堂參茸藥材行」的輝煌故事。置頂是 1954 年「神石丁壽堂雙囍丸」註冊商標，木雕招牌以龍鳳相伴，造價極昂貴。以五十年代樓價約 9,000 元，此招牌值 3,000 元，相等於三分之一樓價。眼光下移，正是出自清朝書法家劉墉的一塊黑木雕題字「丁壽堂」，因祖先與劉相熟而贈送。

「雙囍丸是我老爺。藥丸已經過期，買回去只是懷舊一番，不要服用。」Annie 姐搖動被侵蝕的包裝，藥丸雖過期仍然發出清脆的「嗦嗦」聲，鑑於製藥成本高昂兼秘方失傳，現已為歷史遺物。據《南洋商報》1965 年 7 月 14 日的報道，丁壽堂主人稱宮方乃先祖甄松年為嘉慶帝師時（按即皇子教讀）告老還鄉，而得乾隆皇帝所賜贈，今本良藥濟世為懷。

未幾，Annie 姐從塵封透明膠袋取出一本《中華民國新地圖》，「這本書好值得看……它經過 1937 年七七盧溝橋事變、世界大戰洗禮而能夠完整保存，這本地圖清晰記載有關全國人民地理礦物的分佈。」憑此能查證未割地前的中國版圖，拆解多年來釣魚台的主權爭議。她表示曾有拍賣行三度向她招手，但她堅決拒賣，盼望有日送回給國家圖書館，更揚言「我不可以假手於人，變成一個遺憾。」

夜冷業歷百年變遷 正待人接手

據《香港華洋行業百年》貿易與金融篇記載，開埠初期，拍賣行以經營房產物業居多，大部分是拍賣政府及私人土地樓宇。追溯至戰前，已出現「夜冷雜架業」，商販先從拍賣行投得大批量的雜物，再分拆作散件出售。上世紀八十年代，百業興旺，拍賣貨物涵蓋大量古董、字畫、藝術品、郵票、錢幣及珠寶等。

現時，在上環摩羅街、荷李活道、灣仔太原街、油麻地新填地街及深水埗鴨寮街等，仍可發現這些專營收購及出售古董舊物的店鋪。Annie 姐稱：「最早期的夜冷鋪多數售賣傢俬、酒樓用品如杯碟碗筷。」後隨香港工業式微，夜冷鋪亦收集工廠機器、辦公室書桌、檔案櫃、大班椅、電腦等；千禧後，自由行逐漸盛行，有些為吸納旅客生意則兼售賣球鞋、參茸海味、藥油奶粉等。夜冷鋪貨品繁雜背後乃見證地方變遷，獨特的「按時入貨」方式為此行業徒添神秘感。

從外看勇利行似乎販賣舊情懷，深入店內盡是被時代埋藏的滄海遺珠。別人眼中的無意義反成為此處的瑰寶，如她堅信「人有歷程、物有歷史」，物品得保留有其價值，靜待顧客慧眼發掘。倒數鐘聲將響起，勇利行預告如無人接手，眾多貨物將棲身於堆填區，所幸時程未滿，待續下個黎明。

01. 舊相，攝於兒時家中經營舊物店外。圖中小女孩為 Annie 姐，從旁為兄長，五十年代經營「平價館」。

02. 83 歲的 Annie 姐記憶力驚人，趁著「記得」樂於分享，勇利行大約下午三四時關門，倒數鐘聲響起，歡迎下次再來。

03. 牆壁橫樑掛滿商品，Annie 姐表示曾有電影公司職員到此尋找道具。

04. 「五更雞」，煮食器皿，將燉盅放入中間底部加火燒，蒸汽經排氣口出加熱食物（如同現時的微波爐）。古時大戶人家用以煮夜宵燉湯，附手提設計方便攜帶外出。

05. 30 年代影星胡蝶，有客人購買相片後發揮創意用作女性洗手間的標誌。

06. 相簿集合不同面貌的香港，（左中二）搭建喪棚；（右上一）早期的中環大會堂；（右下三）颱風「溫黛」襲港造成嚴重死傷。

07-8. 由丁文江、翁文灝、曾世英編纂的《中華民國新地圖》於 1934 年 4 月 20 日出版，為《申報》六十周年紀念刊，至今近約百年歷史仍完整保留。

09. 「雙囍丸」，Annie 姐提及有老中醫顧客多年後在勇利行尋得，因製藥成本高昂現已停產。

10. 過去社會物資匱乏，普遍人較為惜物，一件物品視作工藝盼望「傳子代孫」延續作者精神，Annie 姐慨歎購物模式改變，令環保意識有所差距。

11. Annie 姐與顧客關係良好，此為熟客設計贈送的易拉架，甚至有顧客代其開設社交媒體專頁作宣傳。

12. 舊物的價值因人而異，物件本身確實存在時代記憶。

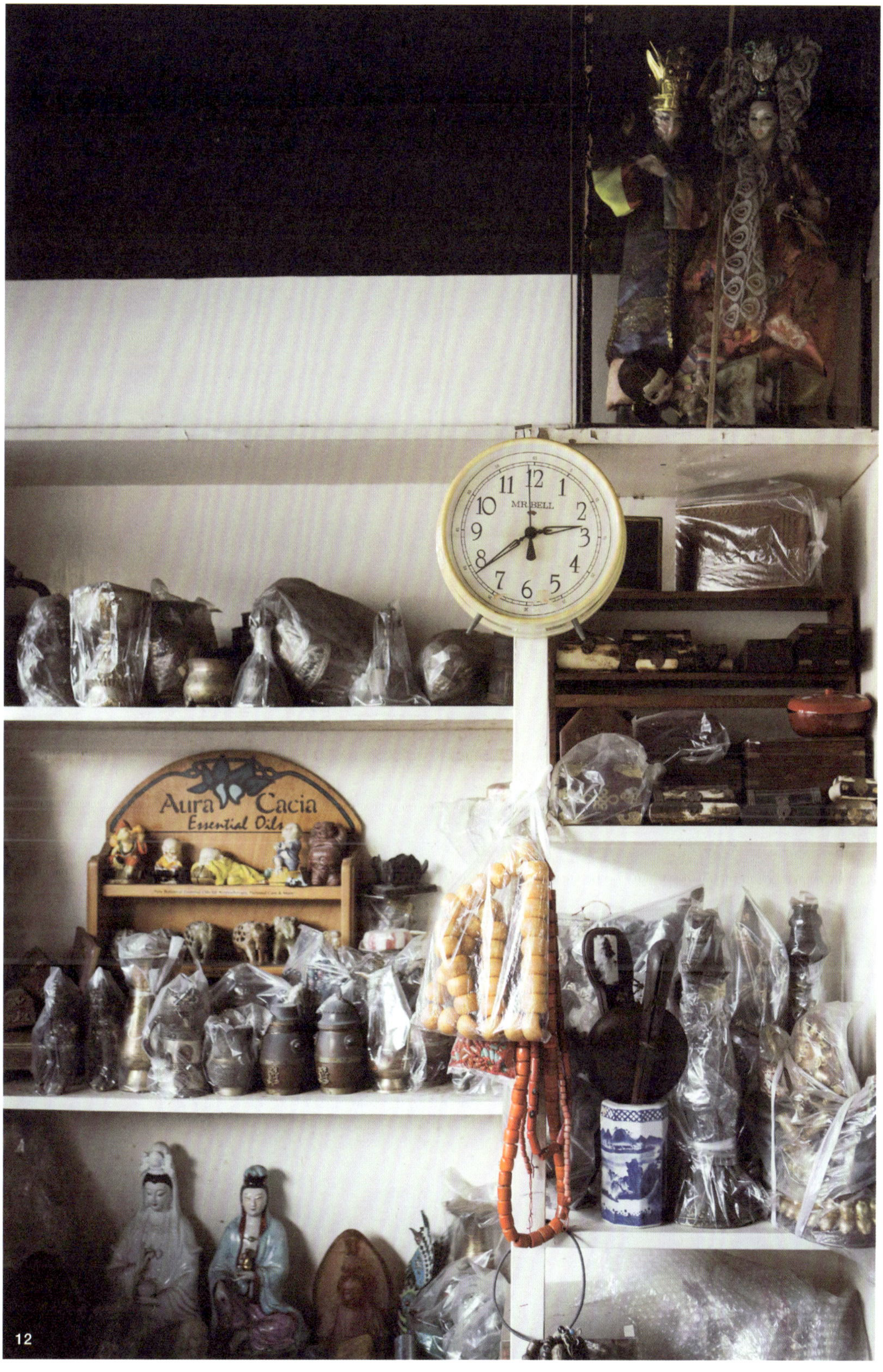

12

協義興繡莊

01

協義興繡莊 林美倩

冬暖夏涼 念絲棉被的溫度——

採訪：黃雅婷
攝影：劉玉梅

又一年的歲晚。

每年的這個時候，第一個寒流要來，石硤尾商場的協義興繡莊人流特別旺。這天一個長者街坊走進店，想找毛氈被，老闆四姨挑了張好的，問候幾句，收的是街坊價錢。繡莊旁邊是殷實的街坊電器店，雙雙開業了幾十年。這天寒流來，近門口當眼處原本放著幾個陳列的電風扇已被老夥計換上各式暖爐和暖氣機。

街市還在轟隆轟隆地進行小工程，幾年前這裏要拆的消息傳得沸沸揚揚。政府重建新街市，一邨兩個街市，似故技重施，用市場的手段「去舊立新」，淘汰協義興繡莊這種老店。作為街市主席、協義興繡莊第二代傳人的四姨為保留街市，接連接受記者訪問，她顧著石硤尾街市這間老店已經二十多年，記者問她感想，那時的她說自己連鋪頭也可以不理，但街市有事，她不得不站出來為街坊說話。「依政府的進度，也還可以在街市留多三年。如果十年後，街市真的要拆，我也已經七十有幾了。」言外之意，協義興和石硤尾街市很快結伴走進歷史。

承父業手作業　包辦街坊生老死葬

四姨全名叫林美倩，是協義興繡莊的第二代傳人，她像一本棉被的百科全書，各類被子到她這裏來，她也能輕易説出其優劣和歷史。

這數十年時光就這樣無聲流轉了，剛起的屋邨變舊，少年一下白頭，新樓轉眼建成，搬來一批新街坊，生老病死也在小小的社區見證，但店外永遠人來人往，四季變迭，秋去冬來，驟眼間又回到炎夏，近年移民潮不斷，繡莊仍是一年四季門常開，常在石硤尾。

協義興原是四姨父輩的生意，林父早於六十年代承辦一些家庭手工製品在家裏來做，初時是為戲班提供頭花，後來也做婚嫁襟花。「不是現在那種絲花，而是用絲絨或絹做的襟花，用辣雞（即焊錫槍）把材料燒熱後在布上壓花紋」，八兄弟姊妹放學胼手胝足，有人做熨金，有人壓花，有人做紙盒，然後交去上海街，之後父親將襟花事業發展成繡莊。八兄弟姊妹，只有四姨繼承繡莊，一弟一姊已移民，留港的兄弟每逢周六飲茶聚首，情誼不變。

四姨是六十年代成長的人，並沒有經歷 1953 年石硤尾那場導致五萬多災民的大火，繡莊落戶到剛建成的街市那年，她才八歲。業務後來擴展至出租裙褂、做龍鳳子孫被、神台橫圍、神像衣服和帛事用的壽衣祭帳，包辦了區內老街坊的生養死葬。

「小時候別人聽到我住在石硤尾，會覺得龍蛇混雜，但我沒此感覺，我覺得在這裏生活是有榮耀的——我在第一邨長大，在第一邨做生意，這盤生意養活了我們一家人。有時陌生客來光顧，我都會主動和他們談協義興的歷史，跟他們說我們做的是街坊生意，不騙人的，叫他們放心買。」

父輩的事業敵不過時代變遷，繡莊改為專售床上用品，林父僱用了會打絲棉被的老師傅和夥計，四姨依稀記得打絲棉被的老師傅是從江西景德鎮來的。

「問他們為甚麼會做打絲棉，他們連廣東話都說不好，最後沒弄清楚他們入行原因，只知道他們到了香港，就在一些賣棉胎的店鋪工作，店裏管吃管睡，跟著就變成了『棉胎佬』。」

六、七十年代是絲棉被最興旺的年代，「那時香港股市好，許多人賺了錢都來買絲棉被，很旺場，但後來 1973 年股災，甚麼都沉了下去。」她回憶道，當時社會物資仍然短缺，市面選擇不多，平民百姓蓋的大多是老式棉胎，富裕人家或嫁娶紅事，人們才會買絲棉被。「絲棉被很難買，只有有錢人才買到，許多時賣出一張就未必返貨。市面上物資短缺，有貨還要逐間繡莊編排配給。當時做生意最慘的是常去國貨公司買棉胎，不為了盈利，七斤就七斤賣給人，十斤就十斤賣給人，只希望客人買被後，亦會光顧我們買個被袋。」

聽四姨細訴棉被的歷史，以前的棉胎是百姓生活的必需品，人們不單當被蓋，也睡在上面，把它當床墊。「四呎濶，才十元一張。」想起舊時，她不禁微笑。「那時我常常去國貨公司買棉胎，一個人背著五張大棉胎，由長沙灣走到石硤尾。」

03

六十年代，一張棉胎得來不易，絲棉被更屬奢侈品。「當時一層樓都不用十萬，但絲棉被一張已經可能上千，很了不起！後來到了九七，絲棉被又迎來第二波的興旺期，許多人在移民前，不知他國環境，都會特意在香港找店家做張絲綿被帶過去，那時天天都有客人要被，做被的師傅天天都開工。」那些年，下午店裏棉絮絲花飛揚，是時代美好的風景，也是時代留下的一聲絕響，移民的風潮在回歸前一直沒有停止。

隨街坊移民，協義興的口碑傳千里。許太移民到加拿大，她的新袍早早向四姨訂一張百吋長的絲棉被；許太嫁女又要做張長長的絲棉被，媽媽過身，也要靠四姨幫忙。「一張冚（蓋），一張墊在棺材底，加拿大是石棺材，要造一張被墊在棺材底。」為了打百吋長的絲棉被，四姨加了打棉被的木板，親手替移民他國的街坊度身訂造。

夏賣蓆冬賣被

工業發展一日千里，不少床具現在已改由工業流水線生產，香港會做手工絲棉被的老師傅大多已經退休，再加上被具款式層出不窮，價錢昂貴的手工絲棉亦被漸漸遺忘，目前香港仍可以讓客人一睹做絲棉被過程的老店，只剩下四姨的這間繡莊。

「現在連棉胎也全部變為大陸製造，香港無人做的了，因為棉胎需要打棉，塵多，老師傅又一個一個走了，後生不接手，全由大陸的工廠做。以前做棉胎是打出來，打到又鬆又軟，但現在的棉胎全是用機把絲花線織成一個網就算。這種棉胎基本上質素不太好，我都會跟相熟的客人說，如果屋企有多一個舊被套就套多一個，不然拆被套的那天就會是爛被的那天了。」她說道。

04

05

繡莊夏天賣蓆，冬天賣被，也有賣枕頭和床單被套，不少都是林美倩親手縫製。

秋意起，店裏會預先打好一批絲加棉被，這種被由絲棉和棉花造成，手工沒有全絲棉被那樣繁複，雖沒有全絲棉被耐用和輕柔，但勝在價格實惠，受街坊歡迎。她坦言全絲棉被因價格昂貴，店裏一年只售出三十張左右，都是接到訂單，才由她親自製造，十日起貨。

「絲棉被的做法相當繁複，做一張需要花上不少時間及功夫，要先把絲棉一片片抽出，這些片狀東西又叫做『豬肚棉』，因為一個個像豬肚，將之套在雙腳上踩住兩角，原片拉鬆成一個網狀。之後再把其餘的絲棉套在膝上，剪半再逐片拉成被狀，厚厚的鋪在三層，我們叫這些做

06

07

『雲』。打好三層絲棉後，要再用磨盤輔助，在絲棉上打轉，撫平，再用剛剛的豬肚棉拉鬆，網住內層的絲棉，確定邊緣位置不會過於厚重，最後再以磨盤在棉上打轉磨平。」林美倩說，她年紀大手乾，再加上平日為人補蓆做床單，手摸絲棉會勾絲，所以做這些工序時也要戴上手套。

「以前的老師傅不是如此，其手很滑。」她笑道。四姨個子小小，六十出頭仍然頂著濃密的黑髮，走在滿谷的布料和絲棉之間倒不覺累。完成內裏的絲棉，之後就要為絲棉被套上被袋，四姨特意選用防菌防霉的布料，令絲棉被可保存更久。

「套上被袋之後，要整理被芯的位置，以人手補上針位，固定絲棉不會走位。縫太多針位，被子會變實，縫太少就會走位，好像這一張單人被，要縫三十個針位。也有些人喜歡買回去再自行加幾個針位，我會叫他們不要這樣做，雖然耐用一些，但被子會太實。」

有些客人買了被會專程要求看四姨打被，打完即場取走。「有位客人好老，他撐住拐杖走來，因為在電視見到這裏有手工絲棉被，問年輕人，抄了地址，一個人來，問我可不可以看打被。我話：『可以啊，你坐一邊看。』老人便說起家中那一張被，結婚時與丈夫一起看著店家打的，到現在已經幾十年了，仍然捨不得扔。」

蓋張好被好過冬 誰念棉被的好

現在的人進補不知四季，穿衣不知物料，蓋被不知溫度。林美倩說，香港人大多對一張被如何造出來也不感興趣。

「現在賣被也難了，尤其新年那陣子，因為緊張的人早早就買了被，新年才找上門來的大多都搔著頭，查問有否便宜的被子，他們心底並不想買，只是受寒流逼著買，過了年就更慘，因為幾凍都好，大家覺得再冷也只是兩三天的事，更不願買被。」她說她賣被，更喜歡聽到客人說想要暖一些，最怕客人怕暖過頭。

父親昔日在上海學藝，後來開了繡莊，不時跟女兒談起上海的生活，他說上海人比較講究，大多注重生活的細節，對生活很有要求，「他跟我說，上海人多數家有幾張被，天氣一變，冷的時候就加被，暖的時候就減被，但廣東人比較漫不經心，往往就只有一兩張被」，四姨說道。但現在普遍香港人家裡也只有一兩張被，一張冷氣被，一張羽絨被便打天下。

「羽絨的確最暖，主要是收集了一些動物的羽毛，之後打碎，再用機械沖填進被中。所以羽絨被需要一些很密的布料，密到好像膠一樣，以防羽毛漏出。不好之處是『發出』很大的聲音，睡覺翻身時會吵醒枕邊人，而且那層布料焗身，與絲棉和棉花不同，絲和棉貼身，全天然，不會焗。所以羽絨被在香港會暖過頭，羽絨最好做成外套，走在街上會撞風，平衡溫度。」

冬日午後，店裏養的一頭七歲的三色貓睡醒了，牠在店中蹓躂，街坊走來摸，牠舒服得合上眼睛。

林美倩嘆道：「以前沒有甚麼被子可以選擇，現在有千萬款供選擇。一張好被等到了識貨的人，買回去可以蓋足十幾廿年，之後要再等回頭客或是另一位識貨之人都不容易。人們一聽到數千元一張被，嚇都嚇死。客人進來，我自己都不敢講甚麼絲棉，指指尼龍被，『想暖的買這張就可以了，有要求的儘管可以看看絲棉被。』」

說罷，她微笑：「絲棉被等識貨的人來買。」

01. 四姨說年青一代若不懂絲棉被的價值，不懂珍惜物件的話，會浪費了長輩心意，也會浪費了一張好被。

02. 全絲棉被因價格相對昂貴，繡坊於是一年只售出三十多張全絲綿被，全都是接到訂單，才由四姨親自製造，十日起貨。

03. 馬呻蓆源於印尼，其蓆特色為帶有微量粘液，相對柔滑，買了回去躺，久經人身上的油脂滋養，蓆會變得發光滑沁涼，所以睡舊了的陳年馬呻蓆是無價寶。

04. 四姨個子小小，六十出頭仍然頂著濃密的黑髮，走在滿谷的布料和絲棉之間倒不覺累。她似一本棉被的百科全書，各式的被運到繡莊，她也能輕易說出其優劣與歷史。

05. 石硤尾街市重建，協義興繡莊未知可否原址重開。

06. 除了手工造被，四姨也為街坊補蓆。

07. 有人將舊有文化隨手拋棄，有人對舊物卻終究執迷不放，繡坊內的「生財工具」不少也是上了年紀的舊物，陪伴三代人成長，已有幾十年的歷史。

08. 現在的人進補不知四季，穿衣不知物料，蓋被不知溫度，四姨嘆說，香港人大多對一張被如何造出來都不感興趣。

08

HASSELBLAD

善美影室 林國盛——
夕陽照相館 等待相聚一刻

01

離散的年代，告別前總要留影，好讓日後拿來細看，喚起千絲萬縷的回憶，但願那份情如照片般，不曾褪色。

香港社會廿年一大變，移民潮像一陣風又吹到來。四個三十而立的「喇沙仔」[1]，在各散東西前，來到照相館，盼望鏡頭把時光凝住。大男孩想起昔日穿校服、在球場揮霍的青蔥歲月。在數個大時代的移民潮，香港人總是聚散匆匆，今日一別，再難相聚，有人飛往加拿大，有人留在香港，剩下一個早已到埗英國，只能透過 iPad 視像，拍下這幀「齊人」合照。

為他們以照片見證情誼的攝影師，是擁85年歷史、前身為「尖尖照相」，現易名「善美影室」的第三代主理人林國盛。他在斗室的影樓，看盡人生百態，悲歡離合。舊式影樓在時代發展下，因為它的「慢」，日漸被淘汰。但也因它的「慢」，相比手機隨意一按得來如汪洋的照片，讓人特別珍視被拍下的一瞬。

採訪：許莉霞
攝影：劉玉梅

[1]「喇沙仔」，喇沙書院學生。

香港照相館　源於一段移民史

星期日是善美影室的例休，林國盛特意安排這天訪問，希望騰出更多時間，跟我們細說與影樓之間的故事。他剛在泳灘回來，身穿粉紅與白色相間的襯衫，甚有朝氣。襯衫內的粉紅T恤，是游冬泳所得的，每年他也會參賽，更贏過三面金牌。精神抖擻的他，一點也看不出已七十有二。他笑容可掬，冷不防還會說幾句冷笑話，看來是長年在照相館訓練而成。甫亮起影樓淡黃的燈，他便笑著跟我與攝影師說：「你們是我的『黎明』。」我們摸不著頭腦，他就解釋因為平日客人稀少，來客都是他等著的「黎明」。

在昏黃的影樓，看著店裏一系列的照片，林國盛如數家珍地勾勒他與照相館的緣份。「尖尖照相」於1937年開業，當時攝影技術未算普及，影樓攝影是大戶人家的玩意。根據文化收藏家鍾燕齊所著的《物語：相片考．影樓篇（一）》，影樓在香港興起，源於1950年代的移民史。國共內戰後，大批來自不同省份的難民，移居至香港。生活安定下來後，他們會到影樓拍攝家庭照，寄回鄉下報平安，此時的影樓以功能性為主。六七十年代，社會漸趨安穩，人們對影樓拍攝更有要求，影樓陳設亦開始變化多樣。林國盛一家每逢家裏增添新成員及新年，也會上影樓拍照，儀式感地記下重要時刻。

第一張在尖尖拍的照，是他七歲時排第五的妹妹出生，一家喜孜孜地到影樓拍照紀念。第二張，是新年全家福，幾兄弟特意用髮蠟把頭梳得服貼整齊。父親隨後把照片放大，擺放在家裏當眼位置。林國盛回憶道：「以前我們沒電視看，食飯就是對著那張相，家裏貼了相片就很有

02

03

家庭氣氛，一家就這樣凝聚了。」一張全家福道出了當時人們的家庭觀。五十年代香港普羅大眾生活貧困，不少教會提供救濟服務，全家福當時另一功用，就是在教會展示後，可按人頭領米。

林國盛怔怔地看著店裏的黑白全家福，拍攝時的場景隨即浮現眼前：影樓只有一台單車，他和二哥爭著要坐上去，最後爭贏的他滿臉堆笑，二哥則神態木訥。他輕輕道：「這是永不滅的。就算二哥最近走了，歡聚的時刻『仍在』。」

入坑因為中了「菲林毒」

林國盛人生的關鍵時刻，也會在照相館留影，昔日照相機會不多，倘若拍得不好，悔恨一輩子。林國盛指向他小時候的學生照，鏡頭前的他剛巧垂下了眼皮，佯裝生氣道：「我當時很不喜歡這張相片，因為回家被爸爸嘲諷為『低能仔』。小孩被人批評會記得的。」轉頭又維持一

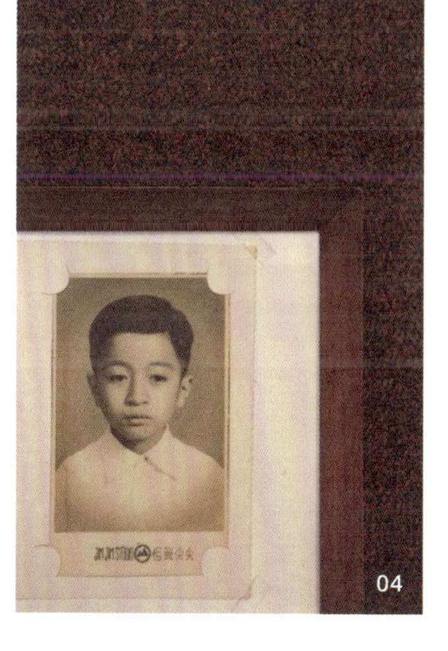
04

貫幽默：「說我低能又不送我去『低能學校』，如果送了，我已做校長了。」旁邊則是他 1971 年入行第一張自己沖洗的單人照，他還記得是影樓師傅用 Mamiya 645 菲林相機拍攝的。然後順著數下去是 1978 年的婚照、1979 年大兒子出世，及 1981 年小兒子出世的照片。昔日人們也愛到影樓，記下人生一個個重要時刻，一張張照片就是人生的里程碑。

林國盛跟照相館的淵源，可不止於此。中五會考不及格，重考也是得到一樣的成績。他媽媽建議不如學一門喜歡的手藝，他就走去當曬相學徒。因為早在中四，他已接觸菲林曬相。有位同學的哥哥喜歡攝影，甚至還擁有黑房。那同學有時會帶黑白放大機回校，一伙兒放學就進廁所玩曬相，在紅燈下顯影黑白相片。林國盛興奮回想道：「好開心，自己拍自己曬相，那是我的作品，很有滿足感。」他常講笑說起有次曬相時，同學的哥哥拿了一個顯影的瓶子給他聞，「嘩！一聞是嗆鼻的，那時就中了毒。」原來那是屬醋酸的顯影液。

這癮頭一直至他畢業後繼續發酵，林國盛由學徒，到自立門戶開設曬相店，並為「尖尖」曬相，延續童年時結下的緣份。「尖尖」曾為香港數一數二的影樓，八十年代黃金時期，生意忙得不可開交。有人來拍證件照、學生照，也有拍畢業照、全家福的，人龍由照相館二樓排到地下。不少明星、官員也是座上客，包括演藝人如汪明荃、張家輝，民建聯元老曾鈺成與前高官高永文等。當時老闆劉慶鏞對照片甚有要求，這份對攝影追求的態度至今仍影響著林國盛。他笑言：「個個幫他做相，都說他是『[2]腌尖佬』。」他說，一大三小相片，無論裁切、顏色，均需要一致，然而這些都是黑房技術最難控制的。如果不合老闆心意，就被要求砍掉重練。

05

06

其後「尖尖」由兒子劉唯康接手，為拍攝到更好的照片，不惜添置不少先進的影樓設備，並重新整修陳設，甚至為了替幼童留影修讀兒童心理學。拍小孩時，他會把一隻猴子玩偶放在頭上，以捕捉小孩最真摯的笑容。林國盛後來在猴子玩偶身上，加上「吱吱」音效配件，放在頭上還真的十分惹笑，笑得記者與攝影師溢出淚水。在多部古董菲林照相機以外，看來這也該是其中的鎮店之寶。

尖尖、尖美、善美

九十年代，流行一小時沖印，影樓生意開始一落千丈。同時眼見香港九七回歸將至，劉唯康決定舉家移民。最初他找回舊攝影夥計接手，但對方做了三天就不做。照相館丟空數月，林國盛眼見老字號倘若如此結束，煞是可惜。於是，他找來另一位攝影師共同接手，於 1996 年 1 月開業，由於前老闆不許用舊名「尖尖」，故易名「尖美」，當中的「尖」

[2] 廣東話「腌尖」，即對事物挑剔。

07

代表林國盛，「美」是林國盛太太的名字。但很快，合伙人決定退出，太太也因看淡影樓的發展前景，重返原來的工作崗位。

林國盛笑笑說：「Jim and May（尖美）做了四個月零十三日，Jim and May 意見不合，就沒有了。」因著太太的退出，他索性把影樓改名為「善美」，冀望事事能做得盡善盡美。原本只在黑房工作的他，還要硬著頭皮學習拿起鏡頭。最初要拍照，他的手會把照相機抓得很緊，整個人很緊張，話也不多。拍攝人像不是置好景，再按快門便成事。攝影師還要指引被拍攝者的眼神、坐姿及笑容等，有時動輒要用上十數格菲林，才能捕捉客人最自然一面。林國盛在不懈嘗試下，技術才愈臻完善。

傳統手工難敵「P圖」技藝

攝影於十禧年代變得數碼化，沉重打擊影樓的生意。林國盛冷不防又爆出金句：「尖尖老闆想放棄，我覺得不要浪費影樓，就算不做也有三分釘，眨眼間，現在是賺三分錢。」後來，年紀老邁的曬相及調相師傅又退休，讓他甚為頭痛。

影樓攝影背後工序繁複，先由林國盛負責攝影，再到黑房人手調校菲林顏色，然後交由另一位師傅沖曬。若果照片有問題，會再由第三位師傅人手調校，這是影樓的一手絕活，以一筆一劃修正照片，減少人像的笑紋、色斑及眼袋。師傅要先取一枝幼筆，斜放著底片在木板上，沾上透明水彩，主要會用灰、肉和深肉色。為底片加色，曬相時那些位置就會變得淺色點。另外，一些太光的位置，也借助調色將之變得柔和。同時，他們會用植物顏料勾畫眉睫，讓輪廓更突出，因此調相又俗稱「執蠟」，就是把照片調校得更立體。

原本負責調相的施師傅，13 歲就在「尖尖」學調相，一直做到七十多歲，於 2007 年退休。師傅退休前，林國盛和做產品設計的兒子曾試過把底片拿回家鑽研，但這門技藝很難上手。一不小心太「重手」，人像就會顯得奇怪，他們最終宣告失敗。直到師傅退下來，兒子每下班就回家埋頭苦幹，並參詳老師傅調過的底片，縝密考究及測試下，終於略有所成。此後，他閒時就會來影樓調相，繼後林國盛在沖洗店的徒弟石貴南，有時也會來幫忙，才把這門技藝保存下來。

問林國盛調相的價值何在，他話鋒一轉道：「調相的價值是壽終正寢，電腦現在就非常完全。」兒子曾把他以前的婚紗相掃描到電腦，輸出後比原本的照片還好看。有時菲林走了色，傳統技術不夠 Filter（濾鏡）改色，改來改去也還原不到亮麗的顏色。他續說：「電腦的英文其實叫『Can do everything』，我服了它。調相是傳統工藝，要向高科技學習。新事物勝在快捷。」

【「我這代叫『等代』」】

影樓生意下滑，林國盛心底早已接受這是時代的推演，難以逆轉。善美在 2015 年更面臨結業危機，事緣前老闆的姊姊打算收回影樓物業。很多人特意到來送別，創下影樓生意的高峰，生意多到他們連電話也不敢接。

最後收樓不成，影樓終於回歸平淡的日子。林國盛影樓的生意漸漸走下滑，慶幸還有舊客會回頭，令他覺得還可以做下去，夠錢交租及水電費。他繼而搖頭輕嘆：「但現在跌到要領『[3]愛心飯』……除非這裏拆吧，等到就等，沒有要求很高，總之不要回想從前的好風光。」

林國盛常說笑指：「老闆是第一代，老闆兒子是第二代，我不是他子女而是夥計，所以我叫『等代』。」他總在漫長黑夜，等待黎明的曙光。讓他堅持下去的理由，也是因為客人。有舊客說光顧了三十多年，他不禁諱言，接口問他三十年間來過多少次。豈料客人說前一次就是三十年前，他始明瞭原來是舊客回頭。客人欣喜這裏沒有改變，踏進影樓，恍似進入一台時光機。

站在滿布舊照的櫃台前，林國盛擺擺手，從容地說：「這是客人給我的堅持，這樣就開心的了。」

[3] 愛心飯，十多年前慈善機構或餐廳老闆為有需要人士提供的免費膳食，以九龍油麻地、深水埗最多。

01. 調相的訣竅，是由淺色到深色，慢慢以筆掃下去。
02. 作為影樓第三代接手人，72 歲的林國盛咬緊牙根堅持下去，是因為他堅信影樓的價值在於讓客人相聚，及記錄歡快的時刻。
03. 「噹噹噹！」客人步入善美影室，恍如走進了一台時光機。
04. 這是林國盛第一張證件相，他笑言「尖尖照相」很懂做生意，會在照片加上公司標誌作宣傳。
05. 無論掛著「尖尖」、抑或「善美影室」，林國盛決定守到最後。
06. 調相時，要把底片斜放在木板上，這樣就不會反光。
07. 舊樓影黃光映照的香港合家福，恍如記錄了香港的移民史。
08. 攝影師來一次反客為主，拍下在取景器中的林國盛。

08

SEE REVERSE SIDE
Evisu

船廠第三代傳人 區世傑

百年船業 靜看風浪與興衰——

港島東部的筲箕灣海旁，有不同船隻停泊，一艘棕色大型木帆船泊在光明船廠外。船上掛著寫有「張保仔」的黃色旗幟，紅色巨帆隨風飄揚。每日傍晚，帆船從筲箕灣出發到維港接載遊客；清晨，帆船便返回光明船廠。

這艘船叫「大張保」，由外資飲食公司持有，出自光明船廠區氏父子之手。船廠第三代傳人「豹哥」區世傑每天為它檢查和維修保養。光明船廠設於二戰前，經歷香港淪陷，走過造船業的興衰。曾因一場大火燒光所有，區家迎難而上，重新揚帆出海，屹立香港近百年，與香港同歷轉變。

採訪：廖俊升
攝影：張詠琳

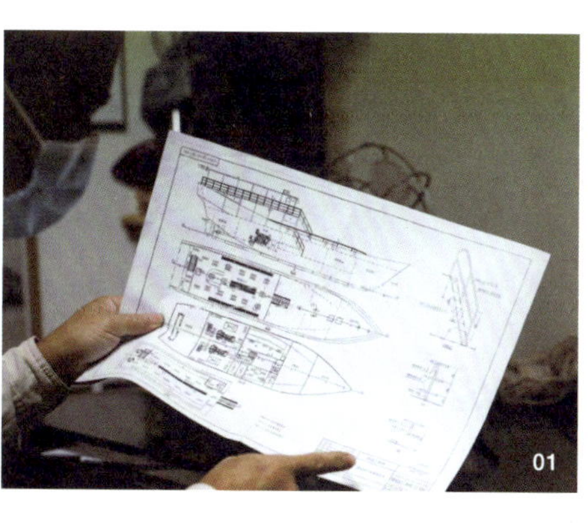

01

香港船匠 祖輩及子三代人

「啊，我們造過多少艘船？船廠打從我那一代開始，算起來，應該有十多艘。」54歲的光明船廠東主區世傑，造船超過四十年，如今在維多利亞港上航行的大型中式帆船「張保仔號」和「大張保」，就是出自他一家人之手。還有曾經盛極一時的香港南區地標ー珍寶海鮮舫、香港歷史博物館展覽大船，以及戒毒會的木船，皆是光明船廠之作。

區世傑，人稱豹哥。如果沒跟他說話，或者會被「豹」字嚇到。他頂著光頭，其實說話不多，且有點靦腆，臉上總掛著微笑，卻無大師傅的架勢。豹哥解釋，小時候父親喜歡喝兩杯，所以他一看見父親吃飯，

02

就很自覺跑去拿兩瓶「土炮」（米酒）給父親佐飯，[2] 土炮土炮，久而久之人人都叫他阿豹。

豹哥三代造船，技術全是「香港製造」。外公生於香港，戰前在港島東的筲箕灣開設光明船廠，除了日治時期曾經停擺，船廠屹立近百載。外公將船廠傳給父親區渭，區父造船手藝巧如神仙，故人稱「仙叔」。後來仙叔再將船廠傳給豹哥兩兄弟。

豹哥既生於造船世家，命運再推他一把，讓他與造船業結緣。13歲那年，豹哥因牙患無法上學，停學兩年，跟不上學業，就到船廠跟父親學造船。

「開頭做些輕鬆點的工作，譬如打打塞，揮揮鎚子，打打釘子。」船廠不像學堂，從沒有人抓著你手教你，豹哥那時邊做邊學，看見別人做甚麼，他便跟著做，慢慢練成一雙巧手，造出多艘漂亮船隻。

船有分木、纖維、合金、鐵和水泥等質材。豹哥說，每一款船隻、每個部件的製作也花工夫。他憶述自己最滿意的作品，是新加坡客人訂製的「龍頭」。客人要求製造船身左右兩邊的玻璃纖維龍頭，他們在香港造了一年，再將它拆件空運到新加坡，然後在當地重新安裝，又造了一年。

嚴格打造 十年時光一條船

2004年，光明船廠接到訂單，造出觀光中式木船「張保仔號」，由仙叔與豹哥兄弟父子檔合力造船，到2006年終於下水。

造出「張保仔號」之後，要到2015年，他們才接到一家外資飲食公司的新船訂單，造出觀光大木船「大張保」，供香港市民在維港上航遊飲食。

「十年磨一劍，十年做一船」，豹哥指造一艘船的利潤不錯，但十年才造一艘船，「只靠造新船，餓都餓死」，要依靠做船隻維修保養才可維生。

船廠擺放了一些船隻模型，每個也是豹哥跟著船隻的真實型態去做。「造了一艘船自己不滿意，所以做個模型出來。」他指，「張保仔號」為了要讓樓梯直放，將帆的位置更改，而這並不合他心意，因此他做了一個模型，圓了自己的小小心願。

造了一艘放錯木桅位的張保仔號，以為有機會另造更合心意的船，怎料發生了「[3]南丫海難」。此後，海事處對營業船的要求提高。嚴格規管下，船上的帆不得過高，他們折衷之下做短了一大截。「『大張保』的帆不能過高，所以弄得不像帆，而像旗桿……。」

光明船廠有兩層，地面是造船和維修工場，工場也連接海面，船隻停泊在岸邊，當要維修或保養船隻，就用大纜將船拉回工場內。爬樓梯登上二樓，梯間的牆上有一個架，擺放造船修船的工具，有用來修螺絲的工鑽、刨木的「卡刨」、營業船用的航行燈，也有大槌子，最名貴的是黃花梨木刨。「材料一定是木，材料工具，斧頭、鏟子、槌子……缺一不可！」豹哥說。

二樓是擺放圖則和船隻模型的地方。豹哥說，造船最重要是圖則。他在儲物櫃中提出一大疊「牛油紙」，上面畫了船隻的結構，旁邊寫了一堆數字和英文，解釋船隻的構造。原來船的每個部分，無論是船舵、甲板，還是船身，也要由建築師草擬圖則。因此造一艘船，可能要畫過百張圖。而每張圖則都要由香港海事處檢驗，通過規格，豹哥才能跟著圖則去造船。

現時香港有三艘在海上航行的大型中式木船，「張保仔號」、「大張保」，以及「鴨靈號」，皆是由光明船廠做維修保養，豹哥更有參與造出前兩者。「船隻最主要是保養，木船要拉上來，木與木之間要做保養。」

灰燼中重新揚帆

豹哥三代人的光明船廠，雖然不是大型船塢，但興衰命運與歷史緊緊扣連。香港雖然是從小小的漁港開始，卻早已成為全球有數的國際航運中心，而造船業在19世紀中期隨著當時英政府發展轉口貿易港而開

03

[1] 1971年建成的珍寶海鮮舫在新冠疫情期間停業，船東香港仔飲食集團於2022年將船舫移走維修。在拖往別處維修途中，船東證實船舫於6月18日在南中國海西沙群島沉沒，長眠於1,000米海底。

[2] 土炮俗指農家自釀的米酒，一般成分較烈。

[3] 2012年10月1日在香港南丫島西北的西博寮海峽發生。當時香港電燈公司員工及家屬乘搭「南丫四號」欣賞國慶煙花匯演，不幸與港九小輪的「海泰號」相撞後翻沉，造成39死、92傷的海難。

始。當時香港島就有多家外商經營的修船造船廠，其後更有大型船塢。二次大戰時，船廠和船塢曾遭破壞，但戰後漸漸恢復。到了五十年代，香港從轉口貿易轉型為出口加工業，香港的航運與造船業隨之復甦。

豹哥憶述，六十年代的香港，交通不算發達（當時連接維多利亞港兩岸的海底隧道和地下鐵路還沒建成），人們主要以船隻渡海，是以造船業十分興盛。到了七十年代，豹哥親歷香港的急速發展：建築地盤愈來愈多，很多公司找船廠造船，載工人渡海到地盤工作。而且，有水雷炮軍艦停泊香港，船廠造的船隻，用來接載海員登岸，「那時候很多軍艦，訂造船隻接那些人上街玩，生意有得做。」事實上，隨著葵涌貨運碼頭在 1973 年啟用，香港的航運業進入新紀元，也為香港的修造船業帶來機遇。

可是誰會料到，光明船廠在此高峰期遇上了沉重的打擊！

豹哥憶述，舊廠經歷過三場大火，而八十年代末的一次，更把船廠內一切燒光燒盡。當時豹哥一家住在船廠，正當他們熟睡時，豹哥的父親從睡夢中驚醒，「我爸爸說發夢見到阿公叫他，『阿仙（我老爸叫阿仙），起來啦阿仙！』」一醒來，就看見電線燒著了，火種蔓延不滅，全家人馬上逃跑，非常狼狽：「穿著內褲走！」。

「燒光了整間船廠，全都沒有了，只能重新再來……」那段時間船廠經營得相當艱難，幸好區父早於行內打響名堂，以往的熟客看見他們遇難，紛紛伸出援手，給他們不少生意，才能慢慢恢復。1990 年，他們告別舊廠，搬到筲箕灣海旁的另一處。

無情火把船廠燒得面目全非，不少具歷史價值的模型、工具和照片亦化為灰燼。「燒掉了很多歷史，只剩下一本照相簿。」豹哥在櫃子裏拿出一本紅色照相簿，翻看一張張舊照片，有船廠安裝張保仔號的過程、獲頒授的獎狀，還有已湮沒在歷史中的船款，每一張相片都勾起豹哥的回憶。

「這是『姑仔』：蒸氣船，人們乘這種船出海捕魚，那時泊在中環碼頭。還有種很具香港代表性的，叫『花生殼』，外形真的很像花生殼。未有海底隧道時，人們在九龍下班，會坐『花生殼』渡海。」豹哥說，在六十年代海底隧道沒開通時，船廠接了很多「花生殼」訂單。他細說，當年要先做好像殼一樣的船身，然後每天早上5時起床，把一根根彎的木柴放入四方大蒸爐裏面，點火燒水，把彎柴煮軟，成為支架，插於船身，連結不同部件，砌成一艘「花生殼」。

從九十年代至千禧年，世界像翻了一翻，交通變得方便，船隻需求漸漸低落。而且造新船耗時，由下單到製成，再到船隻下水，可能要三年時間，加上造船成本高，如今船廠已很少造新船。2004年豹哥造了「張保仔號」，十年後的2015年再造「大張保」，之後……再沒有造新船下水了。

造船業到了回航的時候？

豹哥坦言，這十年八載造船業衰落，除了因為城市發展之外，還因為材料價格上升。豹哥舉例，因為社會響應環保，木船造價翻了幾倍，從前買一呎柚木只化500多元，現在要2,000多元。「木材也一樣，材料那麼貴，我相信更加少人用木船，多數都轉用纖維。」豹哥說，2004年造「張保仔號」花了600多萬，若搬到現在再造，可能漲價至1,300萬。而造鐵釘的釘廠，還有造木船的油灰和竹青，慢慢絕跡於香港，「如果要回大陸買材料，那不如在大陸做？」

光明船廠的中央擺放了一棵粗壯的柚木樹幹，豹哥說那是造張保仔號時剩下來的，「木料太好，所以一直不捨得用。」以一呎2,000元來計，這棵柚木價值約十萬元。

現在他們只做船隻的維修保養，每月所賺不夠十萬元，「不會餓死，但也跳不起來」。「維修一定有得做，造新船或木船就會比較少，新船更不用想了。」沒有新船之外，造船業還面對青黃不接的難關，「不是少人入行，而是沒有新人入行。」豹哥說，造船工序繁複，由做圖則到做樣本，「砸底」起船骨，一艘船數十個部件都要一手一腳製成，過程相當辛苦，利潤微薄，這份苦差難以吸引新人入行。

豹哥憶述，七、八十年代，有三位與他年紀相若的來當學徒，但到九十年代初便沒有人來拜師。如今那三位學徒都已轉業，有的去做裝修，有的做銷售員。而光明船廠早年有三個員工，最近一位老師傅退休，其他師傅亦已轉業，剩下豹哥兩兄弟親自動手打理船廠，由上排到洗船底髹油，均由二人包辦。

豹哥自小跟船結緣，成了興趣，也是畢生的志業，就算再難熬也捨不得離開。「我的興趣是造船，那便繼續做。我就是喜歡做手作工夫。」他說，如果他日做不來，就乾脆退休。

訪問那天，天陰多雲，不見夕陽已入夜，彷彿有所呼應。香港的造船業輝煌難再，而豹哥歷經百年的造船家業，現在可能後繼無人，真的沒有一點可惜？「可惜當然會有，但時代變遷，沒有辦法。」豹哥慨嘆，老工匠一個一個退休，再沒新人接班……。

微雨滴答的打在張保仔號上，或許不利出航，行業前路同樣迷糊，惟每日工作依舊，守住帆船，等待黎明，再乘風破浪。

01. 「十年造一船」，一張精心設計的造船圖則，之後可能花造船匠十年的工夫。
02. 造船這門手藝已傳到區世傑第三代人，區說除了香港淪陷，他們未曾停工。
03. 光明船廠是香港造船業的老字號，「張保仔號」也是出自它的手筆。
04. 舊廠經歷大火，「倖存」下來珍貴的相片不多。
05. 小小的船廠，孕育三代船匠，區氏造的船替香港揚威亞洲。
06. 每張「牛油紙」記載造船的材料與大小，區世傑對此珍而重之。
07. 1972 年「船王」董浩雲的海上學府大火，全艘船被燒毀，餘下這一個船鐘，保留至今。
08. 光明船第二層放有刨木的「卡刨」，全木材製的工具是豹哥的寶貝。
09. 區氏經歷船業興衰，因香港造船的成本上漲，未來有機會被大陸取代。
10. 在船廠樓梯轉角，擺放了多件造船工具，有「打搼」（修補船身）的工具、穩定儀，豹哥說工具繁多，自己做船多年，至今仍未完全學懂。

07

08

09

10

發家鮮家品
大酒海酒製
張鮮猛鮮
新海生海膠

01

李氏李健明傳承 李漢招牌墨寶

同姓情誼繫於「字緣」

採訪：關震海
攝影：劉玉梅

「冷熱飲品」、「豬齋鹵味」、「撚手小菜」，大街小巷衣食住行的招牌，大多是出自李漢雄渾有勁、一體成形的手筆。近年政府嚴厲規管伸出的大型招牌，令招牌林立的街道風景漸漸消逝。

製作招牌公司「耀華製作室」李氏兩代人得到昔日拍檔李漢的大墨寶，第二代李健明對此珍而重之，將字體電腦化、著書、辦導賞團，多年來保育李漢字體不遺餘力。李健明說一切源於一個「緣」字：「李漢將墨寶傳給我老爸李威，再傳到我第三代，這份情緣，比中六合彩更難。」

李健明爸爸李威將近九旬，在上世紀六十年代當上招牌師傅，街上找到造字匠李漢，同性三分親，彼此視為「兄弟」。李漢在原稿紙一筆一筆題字，招牌師傅李威小心翼翼的將手稿安放於字體積梳機上，循字型切割成端莊得體的招牌字。造字匠筆筆有勁，招牌師傅巧手妙工；李威、李漢「雙李合璧」編寫悅目醒神的香港招牌。

街巷造字匠競爭大 李漢大哥最有文氣

李威跟李漢的偶遇，繫於招牌字。八十年代單是砵蘭街已有八、九檔寫字檔，當年李漢在旺角彌敦道與旺角道交界其中一後巷擺檔寫字。李漢的書法造詣有所成，替佛門寫對聯，亦為金鋪、西醫以及色情場所寫招牌字。李漢的字體，當年就像街道的空氣，滲透在每一個角落。

天天堅持回公司工作的李威，倚著「大班椅」，矇起雙眼憶述好友：「李漢為人很好，沒有師傅脾氣，所以我時常找他。他比我大十多歲，他叫我『細佬』（弟弟）。」李威不諱言跟李漢合得來，因為李漢是一個好脾氣的「寫字佬」，「有些寫字佬態度很差勁」，會大聲呼喝客人「我現在沒有空，明天才來取吧！」李威突然模仿李漢的語氣，放低聲線說：「李漢會說『哦，好呀，你等等』。」李健明讀書時期在店鋪幫忙做「跑腿」，見識過李前輩的真跡，忍不住加把口：「我親眼看過李伯寫字，他下筆快狠準，通常我今日提出寫字，明天便可以取。」

李威稱，起初與李漢並不熟絡，亦不同鄉，李威是新會人，李漢是開平赤坎鎮人，但同姓三分親，熟絡起來漸漸成摯友，不時週末結伴行山，走訪新界杳無人煙的寺廟。李威笑言：「一到週日，李漢就問我：『弟弟，今天到哪處玩？』」稱兄道弟的交情由此而起。

李漢家居於黃大仙東頭邨，曾經有段時間，家中的環境擠迫難作息，李威得悉後便邀請李漢到自己的工作室留宿，更毫不吝嗇冷氣機任用。可是，李威每次見他也沒有開冷氣，「李漢個性節儉，就是不捨得開冷氣」。李健明打趣道，以當時的傳統，寫字師傅一般以街頭為糊

02

口，父親邀請李漢留宿，為情也為生意，「爸爸有私心，當時有一個寫字佬（在工場）駐場，是一件威水事。」從此李漢字體與李威製作招牌雙劍合璧，形影不離。

憂摯友無字用 原稿留墨寶

八十年代末、九十年代初，香港經濟起飛、生意暢旺，如電影《燈火闌珊》招牌師傅阿鑣的口頭禪：「有招牌，就有生意！」李氏的招牌業務忙不可交。李健明憶述年約六、七十歲的李漢早打算退休還鄉，因擔心爸爸不夠字體用，於是為他準備約A3尺寸大的原稿紙，還著李健明畫上六格，在紙上寫上李氏想寫的字。李健明稱：「那時候李伯寫的字，是根據《新華字典》逐頁抄寫下來的。」畢竟李健明那時還年少，記不起李漢寫下七千隻大字的時間軸線，但他說李漢「供稿」分了幾個階段，那幾千字並不是一時三刻像「魔法」變出來。李漢「送字」贈好友的行動總有最後一次，李健明稱見李伯最後一次「送字」，「用兩袋紅白藍膠袋載滿二千幾字的隸書」。

05

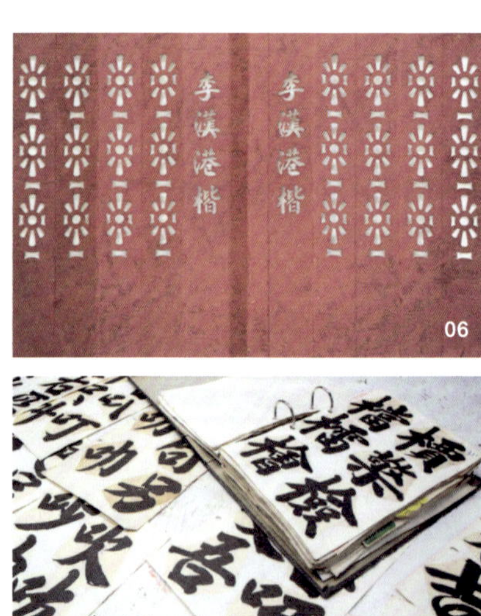

06
07

對於李威「送字」的身影，李氏一家仍言猶在耳，恍如昨天。李健明憶述：「我還記得，當天李漢送字來時，彎著身，可能紅白藍膠袋的字太重了。那時我剛巧在忙，我只連聲說了『哦』，連道謝也沒說一聲。」沒想到，再沒有收到李漢消息。不久，李漢後人告知這位沒有血脈的「弟弟」李威，「哥哥」已仙遊了。事隔30年，李威對於沒有跟「兄弟」好好說再見，至今仍耿耿於懷。

就這樣，李漢臨終托「字」，將墨寶送給李氏一家，待他們發揚光大。「七十後」李健明表示，自九十年代起已很想把李漢的字體電腦化，奈何當時電腦的配套不足，未能成事。直至2016年，他們得悉台灣有一間字體公司「Justfont」，可以把字體手稿電腦化，李健明就開展了「李漢字體復修計劃」，把李漢手稿用電腦軟件逐筆逐筆勾勒字型。為了令字體風格統一，勾劃字體、為字體編碼、做字體校對等工序，李健明也必須一人完成；因此他花上四、五年時間，才完成一套七千多字的字體。

2016年，李健明推出「李伯伯街頭書法復修計劃」，把爸爸的好友，造字匠李漢的真跡進行電腦化的保育工程。他希望透過電腦軟件，製成一套含七千多字的楷書字體，名叫「李漢港楷」，希望李漢的字體傳到華文世界。李健明認為，字體的傳承，根本要關關難過關關過。「我敢說，擁有這套字體比起中六合彩還要難，其實以前的寫字佬不會把整套字體無償地送給別人。字就是他的生財工具，整套字體送出去，他就無以為繼。」李健明說。

招牌字光輝五十年　舊招牌將消失殆盡

晚清至上世紀五十年代，香港店鋪招牌大多寫在牌匾，或寫在唐門柱面，最多掛一塊木板牌匾招客，打橫打豎向外伸展的招牌在七十年代才蓬勃起來。李威究其原因，推測是七十年代威也技術、電鑽漸漸普及，亦發明了拉爆螺絲（又稱膨脹螺絲），在安裝技術上大大提升招牌向外伸展的可能，鮮明有勁的李漢字體亦在此時大派用場，開展了香港招牌的光輝歲月。

2008年香港發生招牌塌下砸死途人事件；2014年政府作出大規模取締行動，至近年香港人目送一個又一個曾經照亮街道的霓虹招牌。李健明指，他過去經常帶學生到街道認識招牌字體，隨著政策改變，近年店主趕著「清折令」的死線前迫於無奈下拆卸招牌。街上老招牌買少見少，只餘下九龍舊區旺角新填地街、大角嘴、新蒲崗仍保存招牌字體。傳統舊式招牌可謂所剩無幾，連李健明也打趣說：「未來新一代，對於他們來說，招牌可能是九龍城的按摩『哈哈笑』招牌，或是來自大陸的『淘寶字體』。」

08
09

李健明預料，舊招牌將一個不留，奇怪的是政府一邊發出清拆令，一邊保存招牌，將它們放入展覽區，但當招牌不再在街道展示，它已失去了靈魂。李健明說招牌的命運就如禾花雀。「禾花雀對農田是有害的，將之殺清光之後，然後把禾花雀的標本放進博物館。現在的招牌就如禾花雀一樣，變了沒有生命的東西。一開始，政府已沒有想過給它生存的機會。」李健明慨嘆道。

目前香港有約16款字體以眾籌方式集資將字款電腦化，李健明於2020年眾籌，最後籌得134萬港元，助他推出電腦版本的「李漢港楷」。李健明認為，近年藉眾籌保育香港字體成風氣，但之後可能此路不通，其中原因包括知名書法家留下的字款數量不足，或後人不想將字體留給後世；其二是政府將規管眾籌。李健明指，保育街道字體的曙光在於AI及港人不斷更新，他舉例指字體設計師陳敬倫將多位書法家的作品加以創作，如將北魏體靈魂人物區建公的書法改製成「爆北魏體」，保存街道8,000字。「爆北魏體」趕上眾籌最後一班船，之後李健明期望AI（人工智能）可以保存香港的街道字體。

01. 除了用相框裱起李漢真跡，李健明亦用文件夾穩妥收納其手稿，紙上每頁都寫上當時李漢依據《新華字典》抄寫的頁數。李健明説，當時的寫字匠是容許在原稿紙上有塗改，因此該處可能是李漢親自修改。

02. 這是李漢較前期留下的墨寶，左邊是李漢題字的行書，右邊是隸書。由於是最古老的手稿，故李健明（左）用相架鑲起收藏。

03. 「耀華製作室」的工作已超越了一個招牌製作工作，公司安排展覽、活動，介紹香港招牌字體。

04. 86歲的李威仍然堅持上班，對於摯友李漢留字未言半句謝，至今他仍耿耿於懷。

05. 李威提起他的「兄弟」李漢，見字如見人。

06. 李氏嘗試將李漢字體放在不同的地方，不讓它在時代中流走。

07. 李健明好好保存李漢手稿，並將之電腦化。

08. 李健明目前努力辦導賞團，又將李漢字體產品化，希望下一代多認識李漢字體。

09. 八十年代，李漢在旺角橫街小巷經營寫字檔，李健明用模型重組當年面貌。

10. 早於半世紀前，李漢字體散落街頭小巷，現在恐怕要收進博物館。

Welcome
Friends
NO SPITTING
市政事務署告示
隨地吐痰得人憎
罰款二千有可能
傳播肺癆由此起
衛生法例要遵行

10

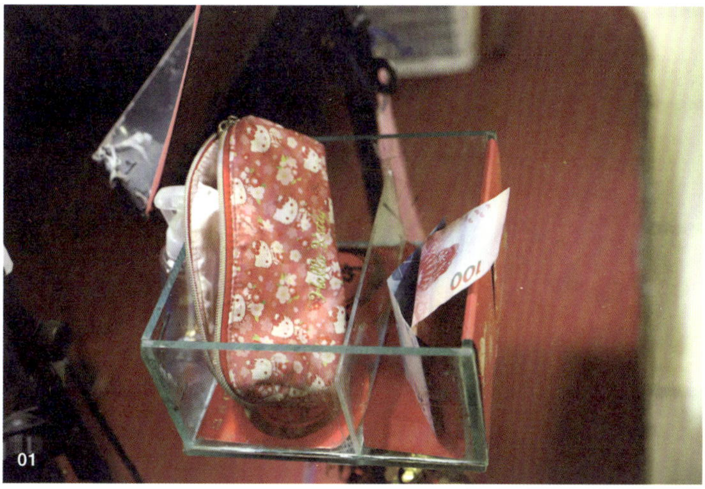

歌女佩文、蘭姐——
廟街民間歌廳 告別豔陽天

採訪：廖俊升
攝影：劉玉梅

「斜陽無限，無奈只一息間燦爛……」靠近九龍油麻地廟街南，懷舊時代曲緩緩奏起。隨著疫情緩和，娛樂場所久休重啟，油麻地室內歌座門戶亦開放。推開香港曲藝協會（高昇歌座）大門，裏面像茶樓擺放了數張桌子，台上有女聲唱歌，台下有客人跳舞，由下午唱至午夜，只需付20元，買一張茶券便可入場。

黃黃的燈光，映照著零星客人，復業後光景不再。歌女佩文唱歌三十多年，曾是夜總會當紅歌星，遊走各城各埠華人地區獻唱，年紀大了就轉移到廟街，但求能唱下去。

時代變遷，歌手面臨青黃不接，客人疏落，加上疫情的衝擊下，民間歌壇逐漸褪色。歌座老闆蘭姐唱粵曲三十年，看著廟街歌壇由光輝走向黯淡，坦言歌座只得老客人光顧，已變成「竇口」（窩子）、平台，「難聽一點說，這裏是養老院」。

唱歌三十載　難忘璀璨夜總會

高昇歌座牆上有一塊白板，貼著當值歌手的藝名，其中一位是佩文。她從18歲開始，便用這個名字行走江湖，一唱便是三十多年。喜歡唱歌表演的佩文天生一副清亮的嗓子，以歌為生，起初在夜總會獻唱，再走到廟街。她憶述當年入行殊不簡單，要經朋友介紹，先跟歌唱名師鮑蓓莉學唱一年，才可以在夜總會登台。

歌座跟夜總會最大的分別，該是歌女與客人的關係。廟街歌座被稱為「平民夜總會」，營運模式比較市井。歌女們要跟客人聊天打關係，逗客人合唱，客人付100元便可上台共唱一曲，更有打賞制度，賞金是歌座取六成，歌女取四成，佩文一天可賺數百元。

夜總會的歌女則較「高貴」，不用理會客人，唱完就走，並由公司發薪。佩文說，最風光時每月賺兩、三萬元。「我們都不理會客人，試過在一家夜總會，有一枱客，一定要坐樂隊前面，每晚都買束花給我，哈哈。那時我們不會跟人聊天，客人也不會逗我們，因為他們覺得我們高高在上，只要我跟他Say Bye Bye（說再見），已經好開心。」佩文說起往事，嘴角總是上揚。

佩文愛打扮，到歌座唱歌要先化妝，每根手指也塗上不同顏色的指甲油，衣服上有一串串閃爍的珠片。她站到台上，唱一曲鄭少秋的《倚天屠龍記》，「情如天，萬里廣濶……仇如海，百般洶湧……」，聲音高吭雄厚，氣量十足，拉長尾音和震音更顯功架。「多謝陳生，多謝李生」獻唱之後，即有人打賞數十，佩文馬上道謝。

02

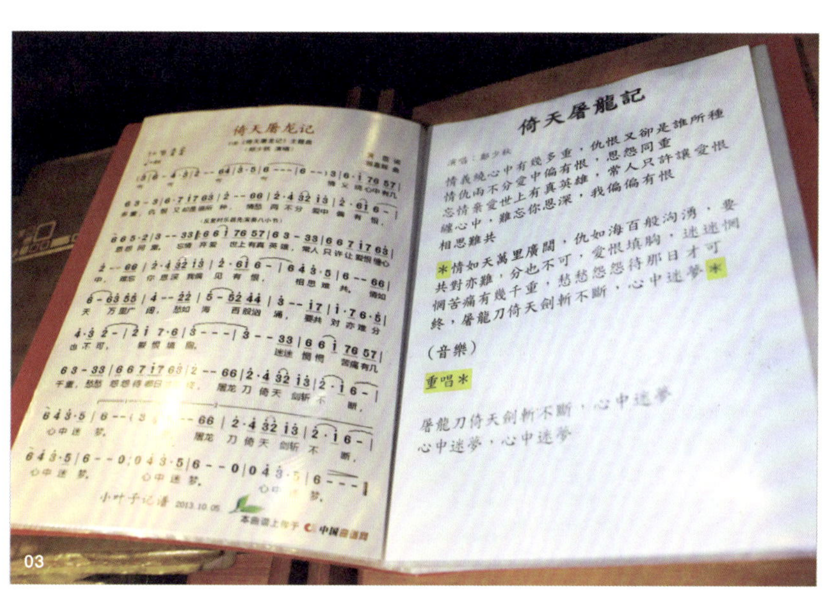

03

憑著漂亮歌喉和細心打扮，多少觀眾拜倒她裙下。八十年代，她天天跑中國宮殿和東方皇宮等大型夜總會，十多人的樂隊圍繞她一人演奏，高峰時期一晚走五場，家人朋友更會結隊去看她表演。那時她總是打扮得花枝招展，有專人替她設計髮型，訂做一件晚裝，最便宜也要三千元，那套衣服她還留著。

八十年代中後期，香港夜夜笙歌，台灣歌星會來香港夜總會表演，她常被邀請到各地唐人街歌廊獻唱，在法國、挪威和馬來西亞也留下她的足跡。「包機票、食宿，去完一個月就回來。收入都不錯，最主要是請你遊埠！」歲月如歌，陳年舊事仍記得清楚，她到海外華人夜總會登台，台下觀眾滿席，獻唱數首歌獲如雷掌聲，那種滿足感使她感覺自己是當紅歌星。

夜總會落幕時

民間歌唱事業由盛轉衰，該由九十年代盛行伴唱女郎卡啦 OK 開始說起。佩文回想，夜總會一家一家的倒閉，就算在時代巨輪中倖存，舊歌手和樂隊也給淘汰了。佩文便跟男友結婚生子，轉行經營時裝店。

豈料 2003 年沙士爆發，她耗盡積蓄，時裝店也要倒閉。經營時裝店的時候，佩文一直想著唱歌，到時裝店倒閉後重出江湖。「以前夜總會的舊同事帶我來找蘭姐，她說天天沒事幹，坐在家做甚麼？不如你來（廟街）唱吧，我說『好，試試看』。」蘭姐是高昇歌座的老闆，也是粵曲大喉歌手。沒了夜總會，廟街歌座也好，能繼續唱就好。

丈夫白天工作，自己則晚上去唱歌，夫妻生活不一致，丈夫又不想她「拋頭露面」，結果兩人離婚收場。「但怎能不工作呢？他打工，我也是一樣，為甚麼我不能唱？」她坦言堅持唱歌導致婚姻破裂，至今她仍無怨無悔，因為這是自己最擅長和最享受的事。

廟街歌座的前世今生

據廟街豔陽天歌座其中一位負責人透露，七、八十年代，廟街榕樹頭下就有唱歌唱戲的習俗，街坊拿櫈子聽歌打賞，歌女亦以唱粵曲為主。到九十年代開始，室內歌座興起，部分歌女轉戰歌座，不必街頭賣藝。

60歲的高昇歌座老闆蘭姐，同樣是駐場歌手，她嗓音雄厚而氣量足，愛唱粵曲，人稱「大喉歌霸」。至於流行曲，客人愛點唱高亢激昂歌曲，如《我恨我痴心》、《灰色軌跡》和《男兒當自強》等，而她就喜歡唱徐小鳳和梅艷芳的名曲。

七、八十年代，擁有一副好嗓子的蘭姐原本居於大陸，適逢當年中國火紅政治運動在民間燒得火熱，她便四出登台到學校、會堂表演，亦有下鄉唱紅歌。1983年7月，蘭姐從大陸來港照顧年邁父親，開頭人生路不熟，就到工廠打工。到年終經朋友介紹，開始在廟街檔口唱歌。

「好稀奇，聽人唱完，歌手唱完了，就走過來問我是不是懂唱粵曲。她可能看到我的表情，好投入地聽她唱，雙腳還打拍子。」那位歌手碰巧懷孕，於是請了蘭姐代唱，「一唱就是三十多年，哈哈哈哈」。年事已高的父親原在鴨寮街賣雀鳥，他為人傳統，不喜歡女兒拋頭露面，於是蘭姐到廟街唱歌，也不敢跟他說，就騙他說自己到油麻地做兼職洗碗。「在廟街唱，從8時至11時，50元一天，很可觀。當時工廠工作從7時至3時，三更制，才45元一日。唱歌嘛，做三個小時50元。最初當然是想賺錢，女孩子想多賺個錢，但又不敢告訴爸爸。」

蘭姐說，當年夜總會以唱流行曲為主，到廟街歌壇發跡，老區街坊更喜愛地道粵曲。九十年代，廟街室內歌壇冒起，聘請了蘭姐唱粵曲，白天就唱歌座，晚上就在街頭的攤檔唱。「我主要唱『大喉』，比較特別，唱英雄人物、高亢激昂，一個月唱一次，唱足一個星期。」到後來歌座生意好，便愈開愈多，各家老闆四處挖角，蘭姐也跑了三至四家。

九十年代風光時，下午兩點半左右，歌座的音樂悠悠奏起，台上打出黃金燈光，全場滿座近百人捧場。場內空間有限，客人就坐圓櫈，擠在一起，只為聽幾首歌，欣賞民間歌星的台風。

到後來龍門酒家請她去唱歌，跟酒樓分帳，40元一張茶券，蘭姐佔六成。1994年，她開始創業，在樓上鋪開了歌座，至2014年再搬到現址地鋪。

她坦言，九十年代至千禧年代，歌座非常受歡迎。她說，只要歌座一打起鑼鼓，歌女站上台，客人就自動自覺打賞。「那時沒有盤子盛錢，要自己拿著賞錢。太多錢了，拿不住便掉在地上，但不會去撿，因為我們在表演。到後來才有盤子，一唱就排隊放錢。」

04

老客人的俱樂部

蘭姐說，1997年廟街開了三、四檔新歌座，大家開始爭客。有歌座搶先唱流行曲，請名人來表演，又穿三點式，就像小型夜總會一樣，搶走不少傳統的歌座客人。蘭姐堅持以粵曲為主，至千禧年代地下開了七、八檔，也是唱流行曲，她也須跟隨時代走。「為甚麼現在少唱粵曲？因為做粵曲『皮費』很重，至少要十個八個師傅，流行曲就『One man band』，個人，省下不少開支。」

蘭姐本著「以歌會友」的心態，務求累積熟客。捱過競爭激烈的歲月，卻避不了日新月異的娛樂，卡啦OK崛起，流行曲愈來愈多花款，專唱老歌的歌座慢慢變得落伍。蘭姐說，如今除了遊客和貪新鮮來一兩次的年輕人，就只有七老八十的熟客捧場。

如今高昇的收費是，每人20元茶券，其餘就靠12至13位駐場歌手賺到的賞金，客人打賞數十至數百皆有，賞金是歌手分八成，老闆分兩成。蘭姐直言坎坷，「九十年代以前唱粵曲收40元，之後開始你減我又減，減價戰下，再加價會更難。」

採訪那天，高昇裏坐了三桌客人，每枱桌三人，多數是上了年紀的客人。有些客人脫掉口罩喝茶喝酒，有人在台上跟歌手合唱，有人在台下聞歌起舞。

78歲的兼職髮型師李先生天天都來高昇聽歌，就為了流連、消磨時間。「我們現在，說真的，半退休生活，有時喜歡聽聽歌，那便過來，有時又唱一兩首，心境也隨之開朗一點。」

蘭姐形容，廟街歌座是一個「竇口」（竇子）、平台，來這裏的客人和歌手，最年輕都50多歲，不論是歌手還是客人，也漸漸驟減。十多年來，常有年老客人突然消失，她估計客人已仙遊。蘭姐說能做一日就一日，不過她相信「唱壇」是廟街文化，風光不再，但不會滅。「我覺得十年後被淘汰，會更慘、或換個方法、做不做到，甚至租店的問題，在我心目中也不重要。最重要的是找到接班人，找到歌手，因為客人是跟歌手的。」

疫下歌座 能唱一天就一天

佩文坦言，最初轉到廟街時，實在放不下自尊，同事們逗客人聊天和唱歌，她就坐在一旁，「最初很慘，很不習慣，很多時候會哭。」到後來跟客人見慣見熟，才放下夜總會的明星包袱。舊時客人可能每晚花1,000多元，現在客人年紀較大，或要靠家人養活，打賞100元已屬濶綽。「沒有以前那麼風光，的確有點傷心……」以前夜總會的客人，很多都是花得起錢的中年人，跟歌座大相逕庭。

沒那麼風光，也總比不能唱好，2020年初新冠肺炎擴散至香港，政府兩度勒令娛樂場所停業，高昇歌座也因而閉門數月。

說起舊事，佩文笑逐顏開，話鋒一轉，又皺起眉頭不時嘆氣。停業的時候，佩文無事可做，幾乎天天呆在家中。疫情令她感覺鬱悶，感嘆這一行業前景灰暗。「根本上，我們這一行就是被遺棄，我們這一類人，政府甚麼補貼都沒有，說停就停，我們也要交租的啊。」

走過夜總會的風光，廟街歌壇的豔陽天已褪色。佩文的兒子已工作，唱歌三十多年的她稱無太多要求，疫情過去之後，平平淡淡，每天唱數小時就滿足，「不想太多了，能唱一天就一天，反正我們這一行已沒有明天！」

01. 油麻地承傳南方民間街頭歌藝表演，觀眾會按喜好打賞歌手。
02. 佩文由夜總會唱到民間歌座，依然敬業樂業。
03. 八十年代港劇紅遍港台，多首主題曲唱到街知巷聞，漸漸也成為民間歌手的「飲歌」。
04. 歌手上班前先拿出當日表演的曲詞，溫習一次，以免失場。
05. 佩文說，縱使豔陽天已到夕陽之時，有時感覺被遺忘，但也會唱到最後一刻。
06. 豔陽天儲存了大量歌手首本名曲的曲詞集。

05

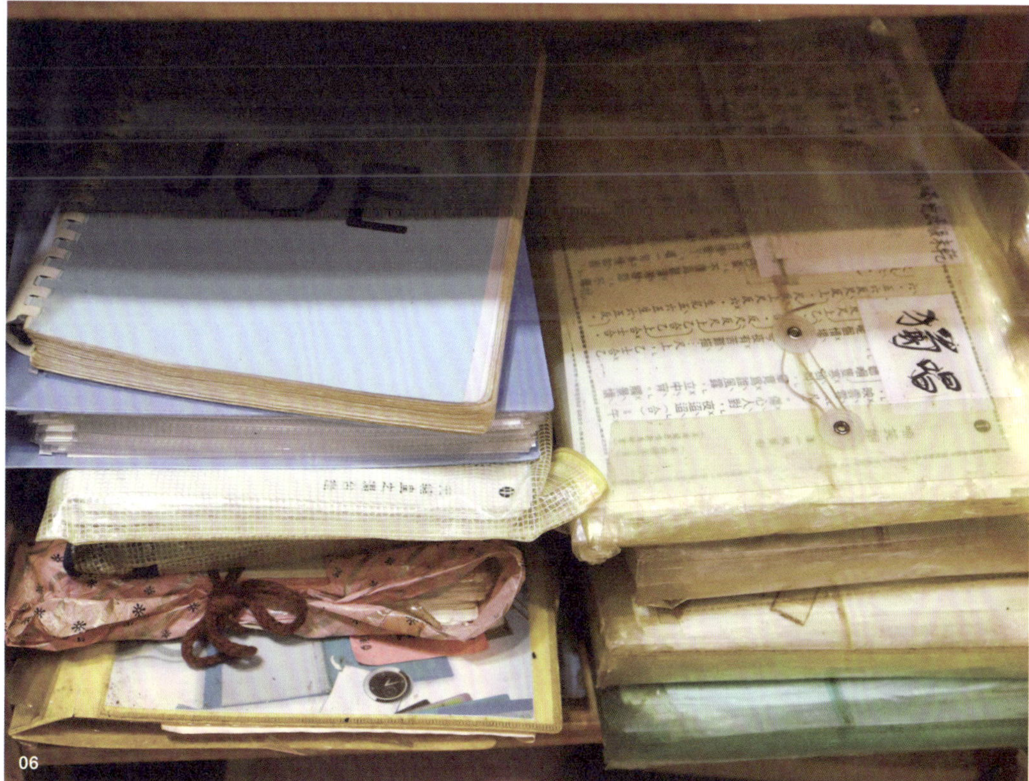

06

Bee

手雕麻雀師傅 張順景

每一刀也是用血汗、生命和回憶去刻劃——

張順景坐在店面的玻璃櫃前，攤開一塊布，放上木盤，把一個光滑的白色長方形塑膠牌擺正，小心翼翼地拈起一把圓規似的工具，身體坐直，微微頷首，睜大雙眼，一切準備就緒—開始雕刻麻雀。

今年69歲的張順景是一名手工雕刻麻雀師傅，也是佐敦「標記蔴雀」第二代傳人，「標」是他父親的名字，標記在佐敦屹立超過半世紀，傳到張順景，開始陷入逆境，手雕麻雀業漸漸絕跡。

採訪：黃桂桂
攝影：劉玉梅

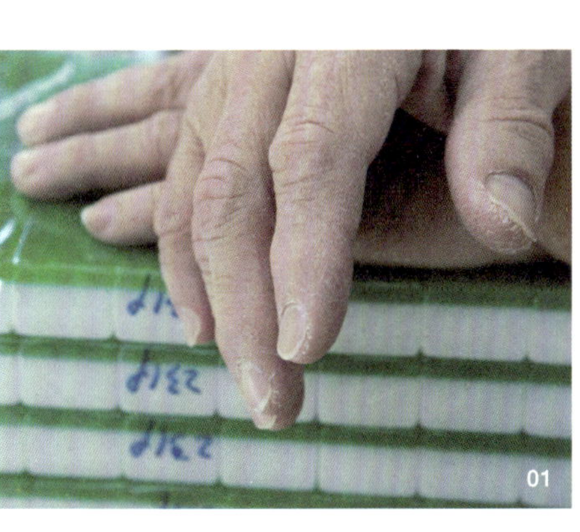
01

張順景把雕刻工具的中軸固定在膠牌中央，調校好刀鋒與中軸的距離後，手指一轉，刀鋒在膠牌上刮出一個五毫硬幣般大的圓形，然後輕輕向內摁一摁刀側，轉、刮，再摁、轉、刮，如是者刮出四個一個比一個小的圓圈，接著以挑刀在第二與第三個圓圈中間順時針一下一下挑出花紋，最後在中間挖一個點，一筒便雕好了。

這時一筒還是白皚皚的像椰汁糕。張順景從抽屜中取出三罐顏料，加注清水稀釋，先用畫筆沾一下藍色顏料，塗在一筒的圓圈，再沾紅色，填滿中間的圓點，待上幾分鐘，確保顏料都乾透了，方用第三支畫筆沾上綠色，抹勻中間的花紋，再待片刻，就用刮刀刮走表面溢出的顏料，一隻凹凸有致、色彩斑斕的一筒正式完成。

平時為了提高效率，他可不這樣逐隻雕。他通常先將整副牌做一次草稿，再逐隻細雕，雕好兩三副牌才一次過上色。由於店裏只他一個師傅，雕一副麻雀牌至少也要花一星期。現時想找張順景雕麻雀都要提前半年預訂，一副手雕麻雀價值五千港元。

有溫度的原礦

張順景從抽屜裏取出一個生鏽成啡褐色的「三個五」舊煙盒，打開，裏面躺著十來把長長短短的刀片，是雕麻雀的工具。雕萬子及番子要用挑刀，「挑刀是最重要的工具，八成時間都用它，因為有好多需要挑、刮的步驟，所以刀尖好容易蝕損。」他像捧著初生嬰兒般提起挑刀，這是他剛剛花了十多分鐘才磨好的，「刀角必須保持尖銳才好用，所以要經常磨，一日要磨幾次，確實會磨到發脾氣！」而雕索子則要用索刮，用力一拉，割出一條直線，再用挑刀雕上筍紋；筒子則用狀似十字架的木鑽，鑽底夾一片指甲般大的刀片，刀片上有四至五條齒紋，一鑽，就劃出三四個圓，「除一筒之外，其他筒子都是用木鑽，因為一筒圓點大，刀片太大好危險，好易折斷。」

所有筒子之中，八筒最麻煩，「因為八筒的圓點需排成直線，萬一歪了就好明顯，所以落手鑽第一個圈最重要，一圈錯，七圈皆落索。」說罷他從櫃底拿出一隻「NG版」八筒，鑽最後一個圈時，刀片突然斷裂向外劃了一刀，圓圈頓變逗號。麻雀的四種花式之中，又數萬子最困難，因筆劃多，最花心神。

手雕麻雀一刀一劃也是心機，每一個坑槽、撇捺也有刀鋒，與刻板

02

的機雕麻雀相比，自是多了一絲人氣及溫度。

「每一隻手雕麻雀都有血有汗，確實流過血，不是開玩笑！」麻雀上真有張順景的溫度。「我兒女都不肯接觸我對手，他們表示我手是砂紙。」他攤開手掌，用拇指揉了揉食指指尖，他適才雕三萬時，被挑刀戳了一道傷口。

我說想看看他的手，張順景馬上把手握成拳頭，收起，「不用看，沒甚麼好看！」他連忙說道。我猜拳頭裏一定有一顆沒經打磨的原礦晶石。

用生命打磨每張牌

張順景自小就在標記流連。小學時，他每天放學即跑來麻雀鋪與父親報到，扔下書包，便跑到樓上天台做風箏。他喜歡自己動手做手作，去街市撿一個竹籮自己削竹篾、黐報紙，然後把玻璃樽敲成碎粉，加蠟抹至線上變成帶刺的飛鳥，這樣風箏的戰鬥力便大增，可以㓥斷別人的風箏。「戰事」結束，他凱旋回歸麻雀鋪和父親吃晚飯。

張順景說他讀書不成，留過一次級，加上是家中長子，故自中一開始，標記不夠員工時，他便要到店裏幫忙，不能再出去「戰鬥」了。「當然要去幫手，莫非爸爸在鋪頭工作，自己在家看電視？」年紀尚幼的他只能當老師傅的助手，主要負責上色，不會落手雕麻雀；有時還得去洗衣街的手縫麻雀盒鋪取麻雀盒，或者去麻雀工廠取原料。

他因此見證過一張牌是如何誕生的。工廠裏，工人先熱熔亞加力

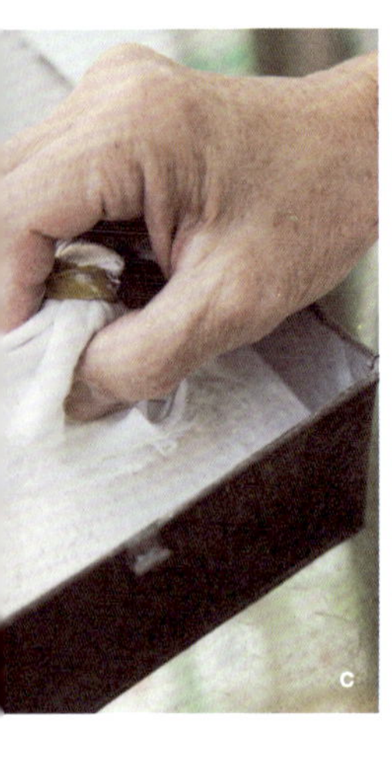

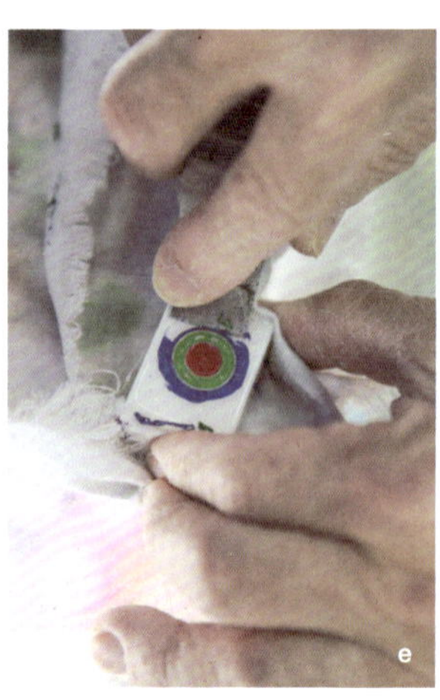

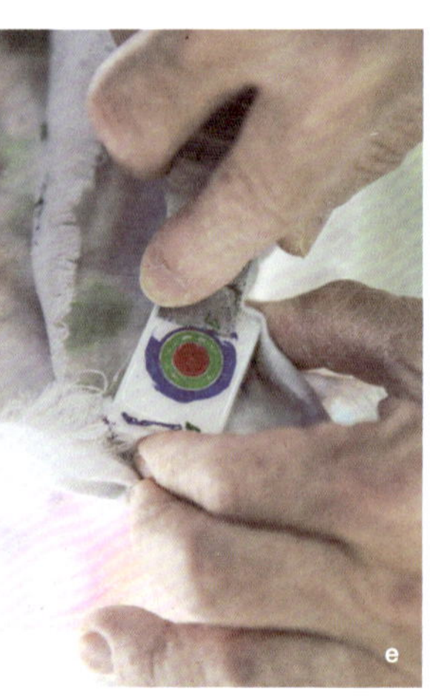

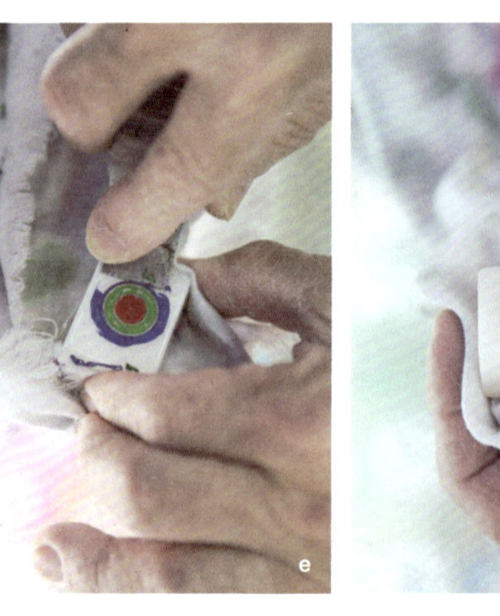

膠，再把綠色的膠漿倒入床板般大的模具，待凝固後倒入白色膠漿。兩層膠也凝結後，就用鋸刀把一張床墊那麼大的膠料切成長方形膠片，此時每張膠牌仍有稜有角，在未有打磨機器之前，全靠人手逐張打磨。打磨麻雀要先用粗砂紙，然後用幼砂紙、水砂紙，最後用樹葉，因為樹葉密度最幼。

「師傅先將樹葉浸濕，放在手掌，用掌上的大魚際位置用力磨，一張牌要磨掉幾片樹葉。我祖父以前就是磨牌師傅，手掌磨到沒有感覺。」中醫說大魚際與五行相關，連通五臟六腑，看來每一張白滑的麻雀牌也是師傅們用生命磨出來的。

製作麻雀的過程中，還需要使用黏合劑哥羅芳，哥羅芳的醋酸味濃烈得像打翻了醋罈子，臭得緊要，因此常招來鄰居投訴；八十年代，正好大陸改革開放，租金及人工都比香港便宜，麻雀廠便一窩蜂搬到大陸去。

整個手雕麻雀製造業自始式微了。

標記的日與夜

五、六十年代，彌敦道、廟街一帶有不少麻雀館、夜總會及地下賭檔，所以廣東道最興旺時曾有十多間手雕麻雀鋪，第一間標記也開在廣東道，生意興隆，標記最高峰日賣三副麻雀，張順景試過一日要雕十副麻雀，聘請員工也不夠，要外判給師傅在家雕麻雀。後來家家戶戶都有麻雀了，手雕麻雀業盛世不再，標記門可羅雀，只得遷鋪，六十多年來沿著廣東道搬了三次，25年前搬到現址，總算定下來，但鋪位卻是愈搬

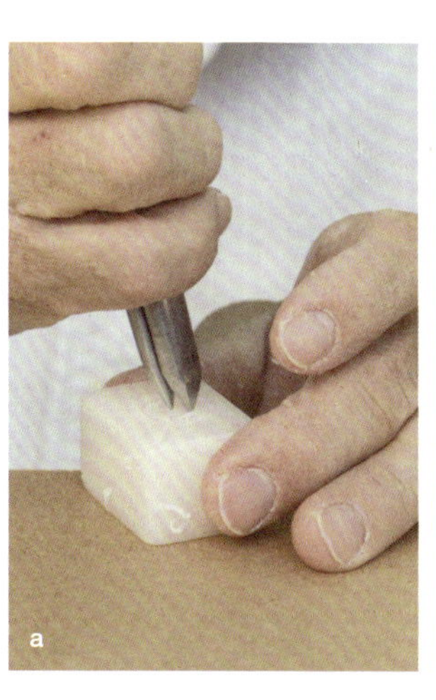

a.　第一步：把刀削當圓規，於膠粒上刮出四個大小不同的圓圈。
b.　第二步：用挑刀在第二與第三個圓圈中間順時針挑出花紋。
c.　第三步：為挑好的麻雀揩上一層白粉，使其更光滑。
d.　第四步：為一筒塗上顏料。
e.　第五步：刮去一筒表面溢出的顏色。
f.　手雕一筒完成！

愈細了。張順景說：「搬來搬去都在廣東道一帶，不會搬遠，因為該處多麻雀鋪，我搬走後，客人就去光顧另一間，不會千里迢迢走去找我！」

「老闆，有否骰仔賣呀？」下午5時許，一名中年男人探頭問道。

「有，45元。」張順景應道，隨後在玻璃櫃取出一包骰子遞給男人。這是他今天第一宗生意。

自子女替他開了Facebook帳戶後，客人大多直接在網上訂購，上門光臨的通常是買籌碼、骰子或者便宜的機雕麻雀，張順景說他也曾賣過二、三百元一副的機雕麻雀，「不知它們用甚麼材料製造，氣味十分濃烈，我日日這樣吸，也不知會否影響身體，考慮後索性不賣，以免賺到錢也無法享受。」2020年新冠肺炎剛在香港爆發時，市民都留在家中，那時很多人想買副廉價麻雀，疫情過後便扔，張順景卻始終堅持不賣便宜貨。其實標記也賣機雕麻雀，不過選用的是上好物料，一副一千五百元。

張順景每天正午就到標記，拉起鐵閘，取出膠牌、刀片，挑、削、刮、鑽，一雕就雕到晚上零時才落閘離開，風雨不改工作12小時。回到家洗澡、吃夜宵、看電視，凌晨3時許始上床睡覺，翌日10時許就起床，天天如是。

張順景找來一張木椅，坐下，「我不能站太久，膝蓋老化要接受換膝蓋手術，（在公立醫院）排期排到2023年。」他的膝蓋壞了好幾年，2017年本來要做手術，但因忙著工作竟把手術推掉，近來膝蓋惡化得厲害，走路都一瘸一拐的。

為何還不退休？張順景答：「對它有感情，不會自行結業的。只是等自然淘汰，好似拆樓、重建、租約期滿，或身體捱不了，真的沒有辦法才放棄不做下去。」年紀老邁，後繼無人，終結的一天，始終會來。

長子走盡眼前路　卻沒有身後身

中二暑假那年，張順景曾想出去闖一番天地，做了三天跟車工人，就被爸爸急召回標記幫忙，「沒法子，我出去打工，店鋪欠人手，師傅才不會做上色這種瑣碎工作。」那時他就知道他腳下有根線牽著標記，飛不走了，「以前當長子是最吃虧的，一定要出去店鋪幫忙，不會叫弟弟妹妹的，結果幫忙久了就留下來。我不會說我是被逼的，因為這也是逼不來的事情，」他說，「但……如果可以讓我選擇，我不會選這一行，我喜歡接觸電子機械的，二擇其一的話就會選擇電子工。」只是命運沒有給他選擇的機會。

與麻雀之間的那條線，由祖父做磨牌師傅開始，到他父親開「標記蔴雀」，再到他繼承了麻雀鋪；今天，他決定要親手剪斷這條長達六十多年的線。張順景育有一子一女，小兒子剛剛大學畢業，也出來社會工作了，標記後繼無人，「他們想做我都不會同意讓他們來做，沒有生意了，不會賺錢的！這二、三十年都沒有年輕人入行了，倒一家就真的少一家了！」

張順景說，現時佐敦這一間如果做不住就不再做了，意味著這將會是最後一間「標記蔴雀」，「可惜當然可惜，但都沒辦法。」

2022年10月底傳來消息，「標記蔴雀」收到屋宇署頒布的清拆令，須在10月底遷出。標記在社交媒體表示：「標記蔴雀始終未能面對時代的洪流，並將於10月底遷離陪伴近半世紀的佐敦……景叔一直希望繼續堅持手雕蔴雀工藝，直到有一天他要真正從這段歲月退下來為止，即使已到古稀之年，亦面臨營運的種種困境，但他並不打算就此走進退休生活。」

張順景表示，突如其來收到業主通知，令他沒有準備，希望政府可以給他空間做下去。傳統手雕麻雀於2014年被列為非物質文化遺產，景叔希望政府珍惜手雕麻雀的技藝，讓他們有一個空間承傳下去。

（編按：截稿後，2023年5月12日標記於社交媒體發文表示，在屋宇署及業主積極配合下，店鋪符合相關規例後重新營業。）

01. 「我兒女都不肯接觸我雙手，他們表示我手是砂紙。」張順景說。

02. 張順景在「標記蔴雀」裏度過逾萬個日與夜。

03. 手雕麻雀的字「撇橫折鈎」有雄勁，正是值得珍藏之處

04. 張順景說山「標記」每副牌共有八隻後備空白牌，客人有牌遺失可以到「標記」補雕。有張順景嘜頭的麻雀就只限在店內欣賞。

04

生日快乐!
大吉

旗袍裁縫 殷家萬——

錦袍綴家 繡巧冠萬 縫紉黃金歲月

採訪：洪慧冰
攝影：劉玉梅

佇立佐敦四十年的寶靈商業中心設計懷舊，燈光昏黃，如同停留在半世紀前的香港。位於一樓的「上海寶星時裝祺袍」（下稱：「上海寶星」）是該處僅存的一間旗袍店，數十呎的狹長空間裏，掛滿造工精細的旗袍，工作枱上散落年代久遠的工具。

「旗袍穿起來高貴大方，有線條，步姿文雅。」85歲的店主殷家萬穿著直條袖衫西褲配毛衣，架著眼鏡，雖滿頭白髮仍精神飽滿。他從事旗袍裁縫七十載，仍堅持每天開鋪工作，每一針每一線，也見證香港昔日的黃金歲月。

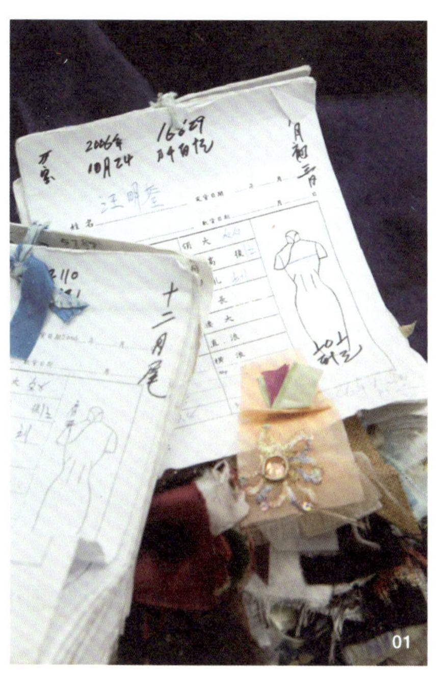
01

15歲學師「師傅有六條藤條」

殷家萬1936年出生，家鄉是江蘇省揚中市，1951年隨大伯來港，那時才15歲。「我大伯在香港做裁縫，見我十幾歲無書讀，所以帶我來香港。」大伯帶他到太子道西學師，「我師傅叫施正才，在太子道172號，我記得好清楚」，時隔七十年仍清楚記得來港的細節。製作旗袍多以師徒制傳承，師徒雙方是由鄉里舉薦而認識的，而學師時間多為三年，師傅大多不會主動教授縫製技巧。回想初學師，殷家萬形容是替師傅打雜，負責調漿糊、取拉鏈及挑綑條等工作。

02

「學不到縫衫，師傅不會交給你做，擔心出錯要賠錢，那時物資很貴，人工卻相當便宜。」回想做學徒的日子，壓力頗大，「因為不懂，每件事都擔心，給你一件衫，你就要動腦筋。師傅很惡！單是藤條也有六條，分大中細，不過多數是嚇你，我師傅只是趾高氣揚，他好有趣的！」儘管學師生涯艱辛，殷家萬依然感恩，「學師辛苦？又不是好辛苦，有飯食，在鄉下食粥，三餐都是食粥，拜祖才有飯食，有飯食都不知幾歡喜！」學師只能從旁觀察，要學有所成，天份與勤力缺一不可，殷家萬幽默的説：「做這一行沒有多少功夫做不到，覺得自己有否天份？有點吧。」

在太子道西學師三年後，殷家萬輾轉到羅便臣道、石塘咀、灣仔天樂里等裁縫店打工。「有個疏堂舅父在天樂里開鋪，我在那裏幫他，記得颱風溫黛期間，我們通宵打麻雀。」殷家萬笑言自己很少出去與其他師傅打交道，不擅與人交談，獨愛打麻雀。「那時候好多裁縫喜歡打麻雀、賭錢，結婚後老婆還在大陸，在這裏便賭錢。好多人吸毒，慫恿我吸毒，我拒絕，否則便糟了，做乞丐了！」

六十年代裁縫業興旺　一件旗袍賺三元

直到六十年代中期，殷家萬才來到佐敦，為表哥的裁縫店打工。他回憶，六十年代的佐敦是個繁盛的商業購物區，當時仍有佐敦道碼頭，亦有渡華路巴士總站，人流暢旺。「那時候佐敦好旺，當時未有過海隧道，很多人坐船過海，亦有汽車渡海輪」。眾多行業中又以裁縫業尤其興旺，寶靈街舊時俗稱「九龍花布街」，布行林立，不少九龍區市民也會到這裏買布，加上彌敦道有六、七間專賣布料的大型店鋪，帶動該區的裁縫生意。「佐敦甚麼布料也有，那些人買布料做旗袍，那時流行絲質。」生意最好時，殷家萬每天做三件旗袍，「一件做四小時多，9時上班，做到晚上11、12時。」

五、六十年代是旗袍的全盛時期，尤其中產階級女士常穿旗袍，殷家萬形容她們連去街市買餸也穿。「那時候物資騰貴，做一件旗袍賺七元港幣，再漂亮些就加一、兩元。七元還要扣減一元的拉鏈成本，剩餘的就與老闆平分，一人一半，一件賺三元。六十年代，一個貨車工人的月薪約三百元，以殷家萬日做兩件旗袍計，當時的月薪約六百元，是貨車工人的一倍。

富裕人家對旗袍需求更大，服務更周到，殷家萬記得曾為廣州軍閥「南天王」[1]陳濟棠的千金度身訂造旗袍。「那些小姐太太們不出門口的，普通的小姐才出外找裁縫。千金一個電話就叫你上門度身，要上她家拿資料，完成後就用白洋布包住，送到她家。」當時的旗袍設計與現在大同小異，剪裁貼身，但更強調曲線美，特別重視腰部線條。「五、六十年代很多舞廳，全部舞女也穿旗袍的，穿窄身的、貼身的，凸出身材，腰位有一條帶綁住，穿起來有腰形，看起來更漂亮。」

六七暴動是香港的轉捩點，也標誌著旗袍行業的黃金歲月慢慢走向衰落。殷家萬憶述，六七暴動後生意轉差，不少富有人家移民外國，對旗袍需求大減，加上租金騰貴，綢緞公司相繼結業，愈來愈少人到裁縫店訂造旗袍。六十年代末，成衣製造業發展蓬勃，年青人追捧西方流行文化，西式服裝和牛仔褲取代旗袍成為潮流。「（旗袍）不流行了，年輕人不會穿。你穿西式裙蹦蹦跳也不怕，但旗袍有開衩，又企領箍著頸，不舒服。」

1 陳濟棠，綽號「南天王」，是粵系軍閥代表，在1929至1936年主政廣東。早於三十年代，部分陳氏家族成員南遷到香港，陳濟棠兄陳維周買下北角繼園，後人開始在香港開枝散葉，陳維周兒子陳樹渠熱衷慈善事務，陳濟棠兒子陳樹杰則從事飲食生意，創辦利苑飲食集團。

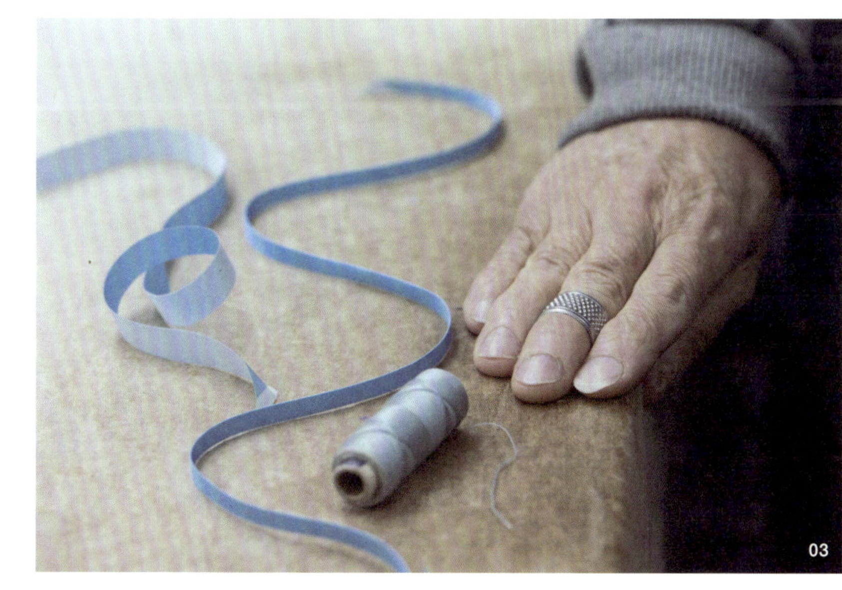
03

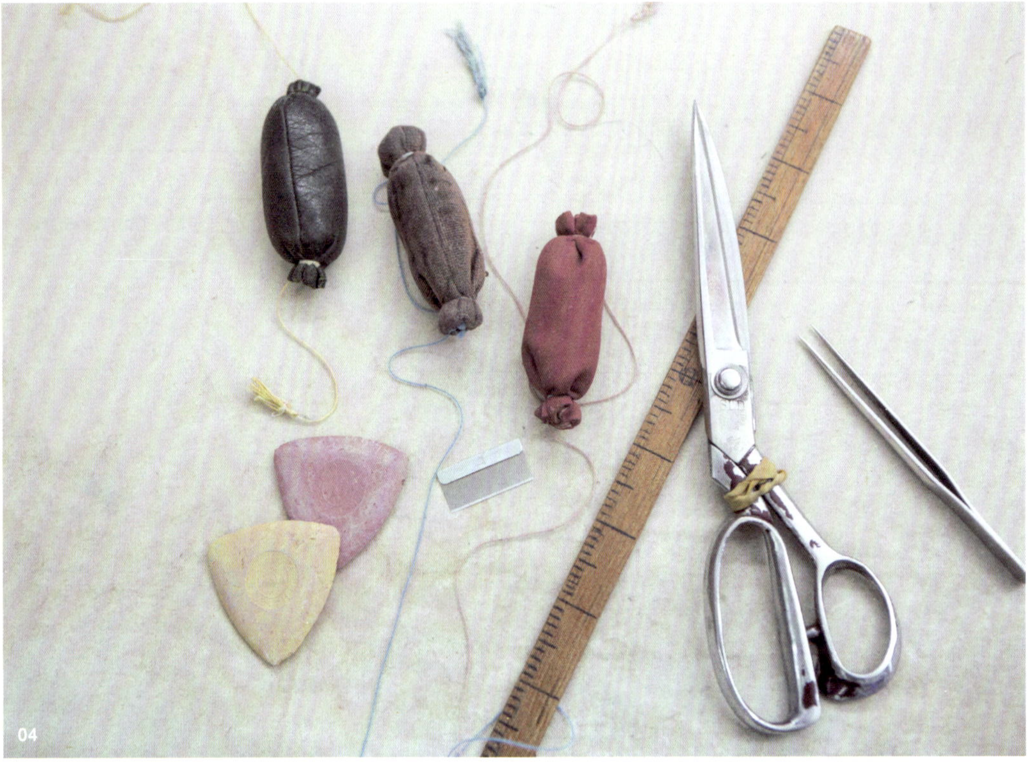

為汪明荃縫嫁衣

殷家萬現時一般花數天製作一件旗袍，從處理布料、裁面料、裁絲裡、車縫、整燙、綑邊、製作企領以及裝袖等工序，皆由他一手包辦。狹長的店面內，「功夫枱」佔據了三分之二的位置，枱上散落製作旗袍的各項工具。殷家萬滔滔不絕介紹各樣工具，「這張不是普通的木枱，入面有墊墊住，該墊不能太軟，也不能太硬，便於燙衫；粉線袋，用了幾十年，在布料上彈畫粉線『打樣』，彈又得，拖又得；唐尺，即是廣東尺，不用英吋；剪刀，最緊要品質好，不用拖絲，日本製造；漿糊刀現買不到，銅做的，上海製造，熟銅有彈性……」兩小時的訪問，殷家萬一直低頭。不用紙樣的，直接在布上剪裁，要有耐性，一件做幾日，最緊要客人著得合身，工作時，見他手起刀落就裁出完美尺寸，「這樣剪，神不神奇？直的，好像絲帶。」眾多布料之中，以鑲嵌珠片的布料或絲絨特別難處理，「布料有珠片，不能燙，又不能車縫，要拆了珠片才可車縫褶位」。

殷家萬指做裁縫毋須「拉客」，客人自會找上門，「裁縫無賣廣告宣傳，客人對你有信心就來光顧。」在不同裁縫店打拼多年，殷家萬製作逾萬件旗袍，工多藝熟，自然累積一班熟客，但原來他自立門戶才十多年。「一直都替舅父、表哥打工，到他們退休不做，我才在這裏開自己的鋪頭。十幾年了，我沒聘用師傅，自己一個做而已。」

店內貼滿相片與剪報，當中不乏影視紅星穿上旗袍的照片，殷家萬亦保留不少旗袍設計圖與布料樣本，見證多年來的心血。殷家萬於七十年代起夥拍表哥承接電影公司及電視台服裝，為不少明星度身訂造旗

05

06

袍，也曾包辦香港小姐和華裔小姐的旗袍，連汪明荃的嫁衣也出自他手筆。「我幫阿姐（汪明荃）做了幾廿年，她結婚那件衫也在這裏做，不過我也不知她結婚，後來才知，哈哈，當然開心啦！」他亦曾參與導演王家衛的電影製作，「有個服裝（設計）叫張叔平找我們做，《花樣年華》我也不知有否做，忘記了！」

提到多年來最深刻的旗袍，則是一件紅色嫁衣。「表哥女兒結婚時我替她做的，她同學見到覺得好靚，結婚時借來穿，有七、八個新娘子穿過，有時要闊身有時要窄身些，也是我改的。後來連她女兒結婚也著，現在捐了去香港歷史博物館。」

盼徒弟接班　接受新潮旗袍

現時寶靈商業中心只剩下上海寶星一間旗袍店，「以前有三間，現在沒有了，只有我一間，有些（師傅）退休了，有些冇在啦。」殷家萬亦決定在2021年退休，「9月租約到期，我都八十幾歲還做甚麼？沒有甚麼不捨得，無辦法了，年紀大了，眼睛看不到就做不到了，穿針也穿不到。」殷師傅説著退休計劃，依舊笑著密密縫，剪布、彈線、落針也俐落準確。

店內當眼處有兩幅殷家萬的畫像，皆由學生贈送，其中一幅題有「錦袍綴家 繡巧冠萬」，感謝殷家萬多年傳承旗袍工藝。2013年起，殷家萬與「聯合裁剪專業中心」合作開班授徒，教授製作旗袍的基本知識，現時每星期也講課。他指學生對製作旗袍有濃厚興趣，對他們的成品甚為滿意，也佩服他們學習的決心，「要準備很多工具，要買膠剪、漿糊刀、尺等，全部都是自己工具。」他滿意地展示學生作品，又特別提到有徒弟將旗袍與時裝結合，用牛仔布設計旗袍。殷家萬不抗拒新潮旗袍，「現在年輕人喜歡穿那些新潮的。我都開心，有人做下去就有希望，接班承傳下，不要讓它消失。」

註：殷家萬已於88歲，2024年9月退休

01. 殷家萬七十年代起承接電視台服裝，為不少明星如汪明荃度身訂造旗袍，店內仍保留昔日的訂單和布樣。

02. 殷家萬15歲來港學師，回想做學徒的日子，笑説「師傅有六條藤條」！

03. 上海寶星時裝祺袍店主殷家萬今年85歲，從事旗袍裁縫七十載，當年仍堅持每天開鋪工作，現已退休。

04. 各樣謀生工具年代久遠，粉線袋用作在布料上「打樣」、唐尺又名廣東尺、日本製造的剪刀鋒利且不會拖絲。

05. 製作一件旗袍需時數天，包括裁面料、裁絲裡、車縫、整燙、綑邊、製作企領、裝袖等，工序繁複。

06. 殷家萬每天都會自製漿糊，用作增加衣料硬度，有助剪裁、定位和縫合。

07. 殷家萬笑説旗袍企領「箍住頸不舒服」，明白年輕女性寧願穿西式衣裙。

08. 兩小時訪問，殷家萬一直低頭工作，手起刀落就裁出完美尺寸。

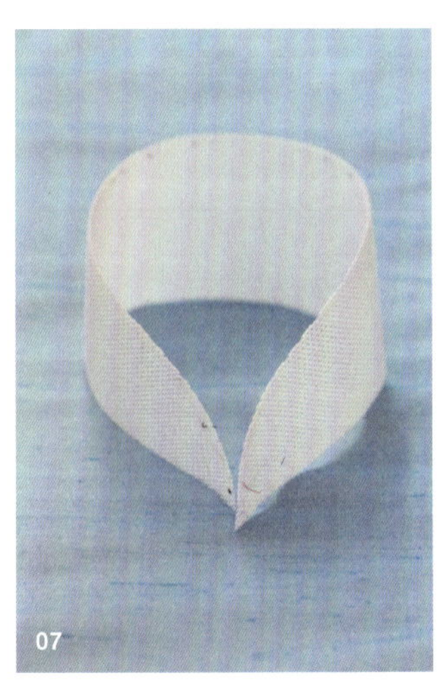
07

08

吹波 12.00
吹波波 笑呵呵
橙色橙味
紅色西瓜味
白色呍喱那
绿色蜜瓜味
藍色

01

傳承大戲棚吹糖技藝 鍾彩雲

多彩多變 但求一笑——

採訪、攝影：關震海

「吹波波，笑呵呵——來玩啦！」林村十年一度太平清醮，糖姨依舊在村口牌匾下擺檔。做了廿多年吹波糖的糖姨，首年被安排到離戲棚一段距離的村口位置；第二次在林村擺檔，租金翻了幾番，一個小的吹波糖公仔在2017年依然賣5元（2023年售價20元）。談到盈利，堅持「笑能醫百病」的糖姨鍾彩雲呲牙微笑說：「賺？有時蝕本呢。今次一定要擺，年事已高，可能是人生最後一次，把握機會。」

糖姨曾有不少發揮機會，昔日旺角開放西洋菜南街為行人專用區，亦有「香港墟市節」、熟食墟，還有每年的天后誕、盂蘭勝會，各區不時有戲棚又有墟市。大時大節，總有糖姨擺賣吹波糖忙碌的身影。可是，自旺角於2018年「殺街」之後，香港再沒有行人專用區；疫情之下各大盛事停辦，糖姨的吹糖事業停擺三年。疫情之後，糖姨再度獲邀到人戲棚擺檔，香港雖不再熱鬧，糖姨說仍然會一個人做下去。

吹糖技藝被列為香港非物質文化遺產，目前鍾彩雲是幾名師傅之中唯一一位女吹糖師，也是最年輕的一人，也可能會是最後一人。

中途出家學吹糖手藝

色彩斑斕的吹糖源於三百年前，是戲棚門外的小攤檔。從前小朋友看戲後會到門外挑選心愛的吹糖公仔，大多是十二生肖塑像；有吹糖師傅亦會造孫悟空等民間熱門人物。吹糖師傅將染色的糖稀加熱至鬆軟，數分鐘內即場燙著手造出腦海中的公仔。每逢太平清醮、天后誕與盂蘭勝會，均會搭大戲棚，糖姨逢邀必到擺檔，讓人一睹吹糖公仔的傳統。

人客好奇駐足，糖姨會先拉出一條細糖管，讓客人吹大糖稀。如果吹大的球形過不了小圓框，便獲贈大獎公仔糖。每次墟市，人稱糖姨的鍾彩雲的檔口不但吸引小孩們，中年父母亦投入吹糖。不少人挑戰失敗，中途「爆波」，糖姨一樣有獎品贈送，做到人人有獎，帶著歡笑離場。「為甚麼叫『吹波波、笑呵呵』？個個也笑的，沒有一個不笑的。所謂笑一笑就十年笑，笑一笑就百病消。好過你食人參的。」糖姨笑著說，這些押韻的對聯是自己創作，師父無講這些逗人歡喜的句子。

糖姨廿多年前對吹糖手藝感興趣，於是拜師學藝。雖然吹糖技藝被列為香港非物質文化遺產，但目前有多少名師傅在世，政府並未統計。糖姨估計現時只餘三位，當中包括他的師父鍾老師。

糖姨不停在「糖兜」翻糖稀，一邊赤手拿起軟綿綿的糖稀，用十指輕快捻搓成不同的公仔。糖姨說，難度在於手指要習慣在高溫下靈活活動，「指功」是少不了：「糖，一定要有熱度讓它軟化，才可以做成公仔；手亦不可以戴手套，否則沒有手感。我燙到整隻手也是水泡，學了兩年，手燙得脫皮！」

02

03

04

糖姨憶述當年學藝辛酸，一度想過放棄，師父焦急起來，猛鼓勵她說：「你學啦，不學便失傳了！」最後師父還贈她一整套糖箱工具。糖姨努力學成，不負師父所託，以吹糖傳人的身分，受政府邀請參加表演。糖姨坦言，年輕人學吹糖技藝，只會當作興趣，要他們忍受燙熱的糖漿，是不太可能的事。

師父吹糖箱被沒收成「罪人」

糖姨苦練糖技之後，山長水遠到大戲棚附近擺檔，大顯身手，但糖姨的吹糖之路並不是一帆風順，更曾一度絕迹於公共空間。2014年年初，旺角行人專用區只限週末開放，食環署厲行執法。同年8月16日，糖姨被控阻街及無牌販賣，遭充公所有吹糖工具箱，糖姨於現場不肯在檢控紙上簽署，到地區法院審了四堂，在法庭堅持了一遍又一遍：「法官大人，我不認罪！」「不認罪」字字鏗鏘，法官卻判罪成，罰款1,800元，沒收工具箱。糖姨欲哭無淚，茶飯不思，不敢向外訴苦，有冤無路訴。

「我是表演，人家打賞，我是無罪的，只是法官判了我有罪。」這份鬱結，舊事重提，糖姨嘴角微顫，她說從此成了「有罪之人」。及後她向師父坦白，跟師父說留下的維生木箱被收了，師徒倆悶悶不樂了好一陣子。

糖姨說，學成之後師父將跟他闖蕩江湖的木箱贈她，這個半木半鋁製成的箱子很難製造，特別是箱裏頭的「糖兜」，必須密封不能漏水，不然其他味道的糖桸流到其他箱子，整件工藝便不成事。當初第一代三種色的木箱子因沒有拍照，不知內外的構造及大小，難以重造一個。幸好糖姨丈夫後來憑記憶，鑄造了另一個獨一無二的吹糖公仔鐵箱，吹波糖更由當初三種顏色，擴充至今天有色五種、五種味道。

渡過低谷，糖姨重出江湖，學習造新的卡通人物，不負師父之名。今日的糖姨經常自豪地向小朋友說：「史迪仔、比卡超、三眼仔我都識整。歷史以來，只有我一個吹糖師傅是女人，哈哈……」

傳到最後一代 恐無人繼承

「指定一個固定的地方，我們根本生存不了。」糖姨說，地區的市民貪新鮮，玩厭了便不再試，她的心願是「區區也有墟市」。既然被列為非物質文化遺產，她希望政府發出民間手藝證，准許他們在有限度的空間擺檔，將手藝傳承下去。

面臨後繼無人，糖姨透露，十年間拜師學藝者眾，可是手藝朝不保夕，連她兒子也不想學，令她經常向客人大呻「激死」，「教嚟做咩，找不到糊口。十八區都去到，我就會教啦。」經過三年疫情，記者找糖姨相聚，恍如隔世，糖姨說疫情三年幾乎全面停工，不時拿吹糖箱出來清潔，怕工具不用會生銹，又不知甚麼時候才復常，復常之後香港會否依然一樣。

終於，糖姨等到一切如常，2023 年夏天各村的天后誕重新搭起戲棚，但總是欠了人氣，糖姨依然笑口常開，只要吹糖可以逗人笑，她便歡喜。「不論老幼大小都會讚我：你好厲害呀。別人讚我，我便開心。」一門逗人開心的手藝，無論順境逆境，首先要自己開心。

01. 造糖公仔要趁熱！糖箱下面一邊用火溫著糖稀，糖姨快速用鉸剪剪裁公仔的造型。
02. 糖姨 2014 年的吹糖木箱被食環署沒收之後，丈夫（左）重新給她造一個全鋁製的私家糖箱，糖姨才可以重出江糊。
03. 龍鳳糖公仔是戲棚傳統玩意，相傳已有三百年歷史。
04. 糖姨按照顧客要求，即場巧手造公仔，不消數分鐘她便造出一朵鮮花。
05. 吹波遊戲是糖姨攤檔最受歡迎的項目，糖姨說近年參與的不只小孩，連中年人也愛玩。
06. 小女孩努力造波，逗得四周遊客咯咯大笑。
07. 林村十年一次的太平清醮，搭棚做大戲，好不熱鬧。

07

味道

03

豆香、奶茶香、點心香、竹籠香、臘腸香，港人移民到哪裏，也難以找到百分百的香港味道。2019 至 2022 年年間，多間馳名、歷史悠久冰室、酒樓相繼結業：中環蓮香樓、旺角中國冰室、太子鳳城酒家、上環海安咖啡室已成過去。2022 年 6 月，海上酒家「珍寶海鮮舫」沉沒南海，去影無蹤，為之心痛。香港的味道，珍重。（註：2022 年「家香臘腸」已移英，在伯明翰重開臘腸廠）

兩益

01

古法家香臘腸 第三代傳人 周錦鑾

為圖一口鬆化 手工臘腸的油、甘、潤——

採訪：譚偉健
攝影：劉玉梅

俗語有云：秋風起，食臘味。

過了立冬，新年之前，就是本地臘味的旺季。

在芸芸臘味中，臘腸可說是星中之星、皇上之皇。

放在飯面，蒸[1]一孖。甘香、豐腴、油潤、鬆化，讓人回味無窮。

只是，為了應付龐大市場需要，臘腸的製作，早已由手工精製，變成大規模量產。腸衣用人造的，可以減少工序；肉料取次一等的，好省點成本；烘焙時間愈短愈好，以增加產量；連發酵時間也盡量省掉，更遑論天然生曬了。

世界在變，臘腸的風味也在變。幸好還是有有心人，遵從古法，堅持手工，為傳統手工臘腸，留下一點血脈。這家臘味老字號，三代傳承，歷八十載，每年秋冬，一家人便捲起衣袖，同心協力，生產一孖又一孖，甘香油潤、入口鬆化的手工臘腸，風味絕佳，零舍不同。

天涼好做腸

2021年11月25日。農曆十月廿一。立冬已過，小雪剛完。

清晨時分，天氣乾爽，氣溫清涼，正是做臘味的旺季。元朗橫洲工業區某廠廈內一個單位，有幾個人早已在忙。她們兩男兩女，有老有少，圍著一張工作桌，各據一方，各司其職。

有人將絞碎了的豬肉，調味醃好；有人將醃好的碎肉，分批放進灌腸機。機的一端，又有另一人，金睛火眼的，把機器吐出的肉餡灌進長長腸衣中。叭叭叭叭，不消一會，肉餡把腸衣灌滿，變成長長一條。長長肉腸，排成行列，捲成餅型，把關的師傅，拿一個針刷，朝腸身猛刺，讓肉餡的水分，隨洞孔溢出。

刺了洞孔的腸，量好距離，度好長短，用麻繩結紮，將兩條綑起，便紮出一孖孖臘腸的雛形。再用長竹掛好，就可以放進烘焙房烘焙了。

「今日做300斤，要烘足三日，再放冷氣房吹40日，才可以推出市面賣。」刺針的師傅說。

紅褲子出身

他叫周錦鑾，東莞常平人，年愈七旬。家裡由祖父輩開始，一直靠做臘味為生，童年時他已在常平跟著父輩幹活，是百分百聞著臘腸香氣長大的。

[1] 臘腸通常每兩條紮起來計算，廣東人口語為「一孖」。

[2] 豬肝做的腸，廣東人稱肝為膶。

「五十年代，我才七八歲，放學回來就給父親叫住洗腸衣，用漏斗灌水，好一股難聞氣味。喜歡不喜歡？不由你說，老爸叫就做吧。」周錦鑾說。

周錦鑾父輩的字號，叫聚益臘味醬園，戰前在東莞創業。戰後舉家來港，繼續以做臘味為生。七十年代，他家夥拍親戚，在元朗開設恆和臘味，自家製作手工臘腸、[2]膶腸、臘肉等，深受街坊歡迎。後來周錦鑾自立門戶，另開恆安臘味，延續家業。2003年，由於年邁，本想結業，誰料英國留學的女兒歸來，竟想繼承老父事業，兩父女一起開拓新市場，以「家香臘腸」這新名字作寶號，將傳統手工臘腸手藝繼續流傳。

時代的改變

他兩父女做臘腸，大抵和舊時沒有兩樣。

材料都是豬後腿肉加肥肉，肥瘦的比例，可以四六、可以三七、可以二八，視乎口味需要。調味料也是鹽、糖、醬油和玫瑰露酒等，家家一樣，或有輕重，或有多寡，或有用汾酒代替玫瑰露，僅此而已。做法也是大同小異，切肉、絞肉、調味、灌腸、刺孔、結紮、烘焙、曬乾。八個步驟，萬變不離其宗。做法不變，材料不變。唯一有變的，是時代。

「從前做臘腸，節奏好慢。設備沒今天的好，肥肉要用刀手切，絞肉機也是手動的，沒機器代勞。兩個人合力去絞，雙手都瘦軟。刺針也沒有排針那種，只把數根針綑在一起去刺，很土法，也很慢。」他回憶說。

那時又沒有電，烘焙臘腸只可用炭火。烘一晚，六成乾，接著要用竹支將臘腸晾起來，掛到陽光下生曬，直到水分收乾為止，這做法就是聞名已久的天然生曬。

「天然生曬，需要的時間很長，不過口感鬆化多了，一口咬下去，油脂噴出來，好像吃橙時的橙汁一樣，非常過癮。現在沒地方，沒時間，哪還有人天然生曬呢。」他說。

材料用最好

現代的臘腸，絕大部分都是烘乾和風乾的，沒有天然生曬，風味自然打了折扣，只可以在其他方面補救。

「最關鍵的當然是材料，有好材料不一定做出好臘腸，但沒有好材料就一定沒有好臘腸。」他說。

他做的臘腸，材料講究。豬肉用本地新鮮豬隻，肥肉只取豬排後面那條脊膘。取其爽口硬挺。瘦肉只用後腿肉，還要去掉肥油，以免太膩。砂糖用韓國的，海鹽用意大利的。最誇張的，是醬油不用現成的，要自家釀製的才用。

「現成買的醬油鹹度不夠，只有16至18度，我們都用19度的鹽水釀製，鹹度在25度以上，這種醬油，鮮味和甜味非常突出，用來做臘腸就最好了。」周錦鑾說。

玫瑰露，用天津金星牌，買回來放一年，待酒香醇化了才用。腸衣，不用人造腸衣，用天然豬腸衣，即是豬腸壁內的壁膜，天然有彈性，取出曬乾，用時浸水，使其變軟。周錦鑾講究，腸衣買回來不會立即用，要貯藏一年才用。

「為甚麼？因為腸衣放過冷那麼堅韌，用來做臘腸咬下去才會有香脆的口感。」周錦鑾說。

成敗看腸衣

他說，現代廠房做臘腸，已鮮有用天然腸衣了。只因人造腸衣，論方便、論成本，都較天然腸衣優勝百倍。

「人造腸衣比較爭氣，不容易爆裂，連刺針都省掉，一斤七米長，二十多呎，方便使用。手工臘腸用天然腸衣，長短不一，要用鹽醃製十多日，用的時候要洗乾淨，還要吹氣讓腸脹起來，檢查有沒有破洞，沒有才可以用。用人造腸衣的話，四個人一天可以做七、八十斤，用天然腸衣呢，四人一天最多只能做六十斤，你說差別多大！」周錦鑾說。

看數據，人造衣看似無敵，完勝天然腸衣。然而，有一個致命傷，卻成了人造腸衣的罩門。

「人造腸衣泡水後會脫落，臘腸蒸熟後，腸衣和餡各自分離，咬下去，整塊腸衣會黏附牙齒，對吃有要求的人不會喜歡吧。」周錦鑾說。

他堅持用天然腸衣，就是為了守住那脆脆不黏牙的口感。只是，要用天然腸衣，就得有老師傅的經驗配合才成。

「天然腸衣要刺針，刺針講求經驗，講手門（手法）。要順入順出，沒經驗做不到的。第一天上班師傅不會讓你做，怕你漏針，會不均勻，烘焙的時候水分就不能完全排出，臘腸就會壞掉。」他說。

焙火定輸贏

天然腸衣，講究經驗。焙火一環，又何嘗不是？

周錦鑾說，焙火是決定臘腸成敗的最後一關，只要用火不當，稍有差池，之前一切努力，都會付諸流水。

05

「烘焙臘腸，從前會用炭火，烘焙到六成乾，再放在陽光底下曬。現在呢，已經不用炭火了，亦沒有陽光，從頭到尾都用烤爐，不過原理都是一樣。先用大火，讓臘腸上了顏色，我們內行人叫低溫焙顏色，要焙成鮮紅色才叫上品。切記火力不能太猛，否則肉就給烤熟，變成灰白。慢火把肉焙到鮮紅色才轉高火，把臘腸的水分收乾。這樣的臘腸，才可以稱為『靚臘腸』。」他說。

入爐烘焙，要焙三晚，臘腸始能徹底收乾。收乾了，便轉入冷氣房，抽風流通，讓其風乾，放置大約一星期，讓臘腸在這靜止狀態中慢慢發酵，肉質自然變得鬆化，這才能做到接近昔日天然生曬的風味。

「這樣的做法，工序多，成本高，沒法跟人造方法較量！我們這一次也是最後一次了。是的，完成後就到英國去了，移民啦！到英國還繼續做嗎？那就看還有沒有人吃囉。」周錦鑾說。

時代在變，很多事情也在變。這手工臘腸，是花果飄零，還是散葉開枝？除了看職人是否堅持，還要看顧客是否懂吃了。

註：周氏恆和臘味於 2022 年舉家移民英國，周慧儀承父業於 2023 年易名「家香臘腸」（FB 專頁 家香移英 - 臘味）繼續營業，2025 年於杜德里（Dudley）設工廠。

01. 手工臘腸和膶腸，每年秋冬是旺季，農曆年前後生意最好。

02. 工作枱上，各司其職，按部就班，是個有默契的小團隊。

03. 肉餡放進機器，套上腸衣，就可以預備灌腸。

04. 手工臘腸，一日最多只做六十斤，十分矜貴。

05. 刺針讓腸餡水分溢出，烘出來的臘腸才能乾爽緊致，這工序是成敗關鍵，只有具經驗的師傅才能掌握。

06. 手工臘腸耗時間、費工夫，已漸成鳳毛麟角。

07. 第二代周慧儀於 2022 年已舉家移民到英國伯明翰，將「家香臘腸」發揚光大。

08. 周錦鑾（左二）和女兒周慧儀（右二）和夥計一起做臘腸，傳承父輩的手藝。

06

07

08

壽

01

順德粵點大師 譚國景

一字記之曰心 廣東手工點心——

採訪：譚偉健
攝影：劉玉梅

點心。中國人對茶點小食的別稱。

分南北兩門，北點始於唐宋，南點興於明朝。地域雖有別，殊途卻同歸，皆以精美巧手為依歸。南北兩門，又發展出四派。京滬粵港，各據一方，各擅勝場。其中港點，以包攬性強，靈活百變見稱。

師承粵點，又貫通南北。中西合璧，還自行創造。蒸炸炆燉煎炒焗，鹹甜酸苦辣冷熱，不拘一格。包餃酥果粉麵飯，中英日印星馬泰，包羅萬有。

港點靈活，變化多端，只是成在變，敗也在變。

隨著時代步伐愈來愈急促，加上成本效益的大前題下，師承粵點講究手工、精研細作的傳統，卻在不知不覺間點滴流失。材料改了、手法換了、味道也變了，昔日的美味，漸成回憶的美談。當大家都在忙生活拼生計，還有人在意，一粒正宗的蝦餃，到底應該是何模樣？

鳳城點心老字號 只留北角一支花

追溯港點起源，可以來一趟北角。

渣華道上，鳳城酒家，以傳統順德菜及茗茶點心馳名，1978年便開業了。創辦人譚國俠及譚國景，份屬堂兄弟，師承順德名廚馮滿。馮滿由順德南來，於1954年在銅鑼灣伊榮街創立首間鳳城酒家，隨後譚氏兄弟開枝散葉，先後於1978年及1984年花開兩朵，北角店由堂兄譚國俠坐鎮，太子彌敦道店由譚國景主理，兄弟分駐港九，是為全盛時期。及後，兄長身故。2019年12月，太子店結業，鳳城酒家只餘北角一枝。譚國景年屆85歲，雖云退休，卻天天回到北角店打點，早茶時分，總見他穿戴整齊，站在店裏招呼客人。站倦了，就坐下來嘆一盅兩件，和人客論盡點心的前世今生。

「以前上茶樓，點心跟現在差不多，例如蝦餃、腸粉、叉燒包……，但款式比現在多，好似牛肉，就有乾蒸牛肉、山竹牛肉、西菜牛肉，就是（用）西洋菜呀！燒賣的種類多呢，乾蒸燒賣、豬肚燒賣、豬膶燒賣、鵪鶉蛋燒賣……還有三星燒賣。甚麼是三星燒賣？即是一粒燒賣上兼有豬肚、豬膶兩款，加一款其他，好似鵪鶉蛋。」他説罷又氣定神閒呷啖茶。

四時吃的各不同 論盡消失的點心

他説，舊時點心種類多，反映茶樓行業蓬勃。茶樓行業蓬勃，一切細緻講究，舊時的點心，還會跟著時令走，春夏秋冬，不時不食，四季各有不同。

02

03

04

「春天就食臘味，臘腸卷、燒腩卷。夏天就有薑芽牛肉，子薑標芽（發芽），配牛肉，又嫩又好食。秋天芋頭靚，芋角就出籠，以前芋角不是經常做的，夏秋之間，做到9月左右。冬天就有糯米飯上市，臘味糯米飯，香噴噴、暖笠笠，一食就知冬天到，好搶手的。」景叔說。

昔日步伐沒今天快，機器也沒今天多，做點心，可以慢工細貨，手工精做。

「做點心要用心，好像燒賣，豬肉是手切才有口感，現在大多是機絞碎，肉質柔軟冇口感。又例如叉燒包，要留麵種養一晚，養完又搓，幾多工夫呀，現時多數用做麵包的方法做，不用留麵種，但食落質感粗糙又黐牙。」他說。

製法悄悄改變，未必人人留意到，像今天仍然是點心一哥的蝦餃，客人吃慣吃熟，以為理所當然，卻不知道原來也有前身今生。

「蝦餃呢，以前叫筍尖蝦餃，有落筍的，筍爽脆跟蝦又彈牙，兩者口味很配。後來因為筍難處理，容易有味，年輕師傅為免食客投訴，寧願不做。還有，以前的蝦餃細粒一些，一定要有十三摺，彎彎的，恍如老人嘴才叫靚。自從流行甚麼『蝦餃王』，大大隻，蒸得皮熟餡又不熟，餡熟皮又太熟，沒有以前好味道。」譚國景說。

跟他談點心，就如觀看港人生活倒後鏡。甚麼四寶雞球大包，雞蛋、雞球、滷肉、冬菇齊全，四樣分明。還有灌湯餃，要餃內灌湯，用個鋼托托住上。現在浸在湯裏的貨色，只能稱作浸湯餃而已矣。

做點心麻煩又瑣碎　手感最緊要

光用耳聽，當然不夠。不如入廚房，親眼看一看。

鳳城酒家點心部大廚文孔成，人稱成哥，69歲，台山人。1967年入行，當年太子鳳城開張，他也在陣，隨順德點心老師傅權叔學藝，知道甚麼是傳統手法。

「傳統手法就甚麼都用對手，用手才有手感。甚麼是手感？即是用手去感覺。搓落去夠不夠軟熟，混和夠不夠水分。對手好重要，摺得靚不靚就是靠一對手，好似天氣轉冷，要摺皮，要用少少暖水暖下對手，不然肌肉硬就不靈活，摺得不靚。」他說。

他家在大埔，凌晨4時坐通宵小巴返到北角預備茶市，幾十年來，風雨不改。

05

06

「做點心很多功夫的，要新鮮，餡要新鮮弄的，可以不隔夜就盡量不隔夜。點心就是這樣，麻煩兼瑣碎，又賣不到錢，不過你沒有功夫又不行。」成哥邊準備邊嘮叨。

他的案板上，有大盤已預備好的餡料。鮮蝦、雞肉、瑤柱、瘦肉、冬菇……還有一粒粒晶瑩的物體。

「大菜呀，以前用皮凍，豬皮呀，香好多，現不流行了，肥呀，這些豬又不靚，有陣傷味。」他說。

這些餡料，是用來做灌湯餃的。凝固的大菜，包在皮內，遇熱融化成湯，和其他餡料，混成一種美味。湯是在餃內的，吃時戮穿餃皮，

07

08

讓湯餡和皮混合。所以餃皮要有一定韌度，包摺不容半點穿漏，否則一蒸，湯餡漏走，功虧一簣。

「湯餃皮跟燒賣皮不同，落了筋麵，韌些。要用酥棍研皮，讓它均勻些，食落不會又厚又薄。」只見他拿起酥棍，往湯餃皮反覆研壓。

皮研好，才能包餡。他換個餡挑，不徐不疾的挑，餡的分量，不用量，不用算，彷彿一切了然於胸。

「二両半一隻，太多會爆，太少賣相不美。然後包摺，十五六摺左右啦。摺口不可以太厚，太厚不好吃。又不可以太薄，蒸時會膨脹，太薄就會穿，厚薄要恰到好處，這些就是經驗了。」成哥說。

守著最傳統手工 美麗的炸粉果

這灌湯餃，是功夫寶，難怪許多酒樓都不願或不懂做。鳳城酒家，最旺場的時候，每日包 120 籠，合共 240 隻，大半出自成哥手。

「點心部人齊有六個人，未計放假，放假只有五個人工作。徒弟？現在不叫徒弟，叫拍檔。樣樣手工，又早起，沒有肯入行學師呀。」他說。

他說得不錯，傳統手工點心，花樣一大堆，樣樣是心機。光是做皮，就夠麻煩。蝦餃皮燒賣皮蛋撻皮叉燒包皮灌湯餃皮……全部配方不同，也要獨立做。鹹水角皮就要用糯米粉粘米粉，芋角皮落糯米粉粘米粉又要落臭粉，粉果又分蒸粉果和炸粉果，兩種皮做法和成分各有不同。

「炸皮是用澄麵、糯米粉、粘米粉，還要落鹹蛋黃，取那份香味和鬆脆。蒸那種就不用落鹹蛋黃。」

上湯炸粉果，坊間近乎鳳毛麟角了。餡料一堆，馬蹄、西芹、唐芹、蝦、冬菇、瘦肉、甘筍、芫荽，樣樣細碎，也是工夫。最難是皮，麵糰要使勁搓，將之搓成軟熟才可以用。搓好捏出小塊，用研皮刀研成薄圓一片才可包餡。

「五錢餡左右就好了，太多一炸又會爆。」只見他邊包邊轉邊捏，一隻元寶形狀的粉果便出來了。

「師傅教落，粉果形狀是這樣就是這樣，不用問的，等於你出世，為何跟父親姓，你也不會問的呀。」成哥風趣的説。

包好的粉果，要經滾油加持，才能得成正果。蓬蓬的火，把油燒得滾燙，但油這傢伙，有脾氣的，很難捉摸，經驗老到如成哥，也要放塊麵糰先試油溫。

「放塊麵糰，見起油泡，就知油溫差不多。油溫好緊要，控制不好，一落就完蛋。」他説。

油燒至攝氏200度，熄火放粉果下鑊，靠油溫浸炸至浮起，才慢慢加火，期間要金睛火眼，觀察粉果皮的顏色變化，決定火路緩急。

「油溫要慢慢加，不能慢不能快，太猛外面熟入面未熟，不夠猛火外面又不夠金黃。只要油溫控制得好，那外面金黃餡又熟了。」

最後階段，開大火將油逼出，炸出來的粉果，皮才乾爽，吃來才鬆化。

「所以不可以用電炸爐，一定要用鑊炸，鑊可以一路觀察夠不夠火，不夠可以即刻加火，炸爐不好，是多少度就是多少度，不能變。」他説完用笊籬將粉果撈起，隻隻金黃像元寶，煞是美麗。

美麗的炸粉果，連見慣世面的成哥也為之自豪。

「嘩！不是我自己讚自己，這次炸得真的美，這些就是功夫囉。」他自己也忍不住即場拿了一隻粉果往嘴裏送，嚓習一聲，瞇起雙眼，嘴角翹起，露出直像元寶的笑容。

01. 正宗的灌湯餃，用鋼托托著，二両半一隻，湯餡灌在餃內，非浸在湯內。

02. 做包的粉糰，秤過之後，大廚文孔成用適當的力量搓平。

03. 點心師傅晨早打點一切材料，就是為了客人食到林林總總的點心。

04. 傳統的四寶雞球大包，一定要有齊雞蛋、雞球、滷肉、冬菇四大主餡。

05. 古法灌湯餃餡料，除鮮蝦、雞肉、瑤柱、瘦肉、冬菇外，還有凝固了的大菜。

06. 灌湯餃的摺口，必須十五至十六摺，力度恰當，厚薄恰好，每一下都是工夫。

07. 炸粉果的形狀像隻元寶，薄薄的皮，只包五錢餡左右，十分精緻。

08. 小小的粉果，包著馬蹄西芹唐芹蝦冬菇瘦肉甘筍芫荽，樣樣細碎，也是工夫。

09. 師傅堅持用大鑊來炸，邊炸邊金睛火眼看著，炸到金黃便撈起。

10. 入行55年的鳳城酒家點心部大廚文孔成，半輩子在廚房打拼，擇善固執，手法正宗。

09

10

鋼竹蒸籠 廣粵篾匠 呂明——

從「自生」到「明生」 蒸出來的手藝生意

採訪：余惟明
攝影：劉玉梅

01

「明生蒸籠，與眾不同，優質好用」，押韻上口的宣傳釘在鐵製的招牌上，聚結了呂明一生的心血。

呂明，1930年生於江門鶴山，是家中獨子，家境富裕，接受過私塾教育，精通唐詩古文。原本在家鄉務農，畢業後跟隨「同村兄弟」出城打拼。

「那時候，他們大多加入印刷行業，唯獨我做蒸籠。」呂明說。

也許是獨具慧眼，也許是機遇，就這樣投進了蒸籠行業。從竹蒸籠到鋼竹蒸籠到電飯煲（電鍋）蒸籠，呂明鑽研竹藝，創發新產品，就像那些年的香港，憑著技術與創意，奮發、不停步。

02

手起刀落　竹篾匠人的前塵

1947年，17歲的呂明初時被帶到韶關，學習做蒸籠、籮筐及粉篩等器具，兩年後店鋪解散回鄉。1950年，老闆邀請他到廣州總部，齊集在門市工廠及宿舍，「我就在人民南路，那裏叫做『西關』。太康路（海珠橋腳）專賣竹器籐器……就等於香港的新填地街專賣籮筐、剷子和掃帚，那些全都屬於山貨，從梧州入貨……那時候，我們做籮筐賺的錢比蒸籠多。」

篾匠是古老職業，也是傳統手藝。匠人用竹編製各種器具，如蒸籠、籮筐、筲箕、粉篩等。據呂明說，匠人在山頭砍竹，第二天就馬上開工，他們都要用新鮮竹，竹一乾了就做不成。取竹後，篾匠開始處理「開篾（用竹刀把竹料裁切成適合的尺寸）」，用竹刀輕輕削去竹筒外皮，繼而剖成厚薄平均、比例合適的竹篾。蒸籠製作難度最高，竹篾太厚會難以屈曲成圓形，過薄或會使籠底鬆脱，必須精準量度。

「我們每個做竹蒸籠的，都善用一把刀子……從前沒有電鑽，用的是手鑽。最初我在廣州做蒸籠，即徒手拿著毛巾把鑽鑽進去，幾乎要氣絕。」竹篾鋒利，稍有不慎便給割破皮流血，呂明手上結滿老繭，就是篾匠深刻的印記。

竹料主要來自廣東羅定，製作蒸籠的竹料大致上分為兩種，小蒸籠採用韌性好的沙羅竹，大蒸籠則用較粗的茅竹。傳統竹蒸籠工序，至今沒有大改變。在完成「開篾」後，正式製作蒸籠。第一步驟「製竹皮」，先將已削皮磨滑的竹片捲成圓形，用竹夾固定位置，在接合位用電鑽鑽洞穿上銅線，成為蒸籠外圍「竹皮」的雛形。第二步驟是「上彈竹」，用幼竹條沿著竹皮內部圍四層，接口位平均分佈於竹皮圈的內圍，使彈力互相抗衡，蒸籠形狀就更為牢固，可以隔熱和保溫。

第三步驟，是製作「上口」，蒸籠大致成形後，匠人將新一塊竹片捲成圓狀，在竹蒸籠內加上一層圍邊，稱作「上主口」，主口位置相比竹皮略高，供放置蒸籠蓋，並令蒸籠能穩妥疊高。第四步驟，是「織底」，匠人裝上用藤線及竹枝縱橫交疊編織底部。第五步驟，是「下竹釘」，在蒸籠竹皮鑽洞加入竹釘固定，最後削平竹籠主口位突出來的竹位，一個蒸籠便告完成。

一個蒸籠從出產到銷售皆有明確路線圖，先從工場製作蒸籠，交由門市負責銷售，供貨給酒樓食物檔。「開料（裁切材料）的不懂做蒸籠，賣蒸籠的不懂削料，但是這些我都懂……那時候，我們鬥『字號老』，鬥好質量。當時好幾個姓沈的：沈興記、沈大記，都以做蒸籠聞名。整條村都做蒸籠，還讓小朋友學習。」

上世紀的四、五十年代，中國實行計劃經濟，取消「個體戶」經商，專業全部劃分，做蒸籠、籮筐等統歸一類入廠，呂明按「支援城鄉物資交流」計劃（大躍進）被「下放」到湛江學習。後來政策改變，呂明回到廣州領取手工業牌照，取名「明生」，寓意自己的生存，也就是「明生」的前身。

政局動盪，他反覆經歷幾次合併、入廠、解散，惶恐度日，直至六十年代逃到香港。

逆境奮鬥 開創蒸籠商機

六十年代初，大陸爆發大規模逃亡潮，數十萬難民湧入香港。1962年，32歲的呂明獨自坐漁船經澳門偷渡到香港，在西貢登岸，落腳於九龍新填地街投靠親戚。初到貴境，呂明形容當時香港經濟蕭條，沒法可想而急於謀生，做過麻雀館、掛曆金屬鐵架和繡花圈製作。兩三年間過著寄人籬下的生活。

當時，九龍的油麻地是新興的商業地帶，上海街逾半都是五金店，新填地街則賣油漆山貨居多。呂明逆境求存，選擇重操故業，到大角嘴一帶購買原枝茅竹，一條原竹長約三四米，有工人買作搭棚，售價為十多元，經過開竹削料工序，製作蒸籠，完成後轉交廠家寄售。若欠缺材

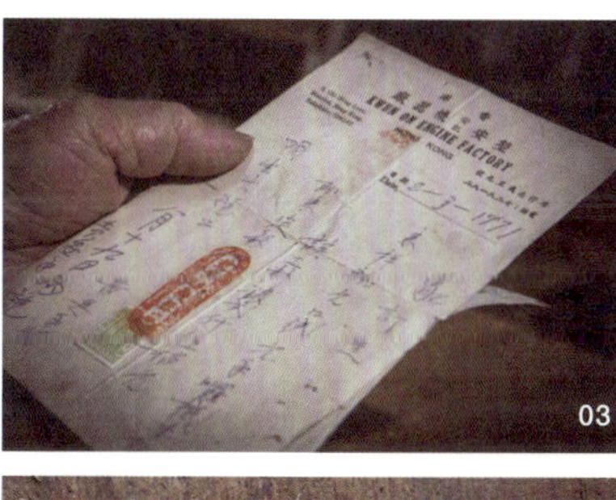
03

04

料，呂明還會親自去砍竹，用熟悉的手藝開創商機。「那時候，拿著一百元就當起老闆……我做籮筐的技術可算數一數二，但香港用不到那麼多，反而蒸籠多用得著，我就轉做蒸籠。」

起初呂明為招攬生意，日間走遍全港各個酒樓廚房，憑一己之力推銷自家製蒸籠，晚上工作至深宵11、12點。難忘首位客人何老闆率先試用，後來何老闆旗下經營的多家酒樓，如百樂酒樓、安康酒樓等相繼入貨，呂明一步步建立口碑。「那年（1971年），蘇屋邨新開張的百合酒樓，向我訂製數千個蒸籠」，成為首張大批量訂單，奠定明生的發展基石。

獨具慧眼　生意蒸蒸日盛

上世紀七十年代初，本港工業發展蓬勃，榮膺「亞洲四小龍」之一的美譽。40歲的呂明再次起步，向朋友借款創業，在新填地街租用數十呎的「板間房」（木板或纖維板間隔的房間）作工場。沿用傳統全手工蒸籠耗時長，呂明因具備五金鋼具知識，嘗試改良機器，加速生產。其中一台機器原用作生產「白油鐵罐」，他將之改為做不銹鋼大蒸籠圈，「耐用之餘，又可賣貴些。那時候，大鋼蒸籠賣百元一個，但成本只是十多元。」

轉換機械製作模式，按日計算，小竹蒸籠由原本最多出產約三、四十個，翻倍高達數百個，大竹蒸籠由兩個增至五十個，突破過往人手的「有限製作」，壓縮了時間成本，生產效率取勝，搶佔優先市場。

生意踏上軌道，呂明打算擴大規模經營，經朋友介紹在新界洪水橋田心村，覓得一個逾萬呎的養豬場，改裝成蒸籠工場貨倉，並設置機器，招聘師傅製作蒸籠，最高峰一小時能做四十個大蒸籠。1980年代起，明生成為香港敦煌、新光、稻香、百樂門等多家大型集團酒樓的供應商，蒸籠甚至遠銷外國，如美國、加拿大、日本等地。位於油麻地上海街275號的「明生鋼竹蒸籠廠」銷售門市部正式設立。

05

06

八十年代中後期，內地推行改革開放，鼓勵工業發展，提供大量廉價勞動力。作為首批港人投資者，呂明決定將蒸籠生產線北移，1988年先在深圳開廠，幾年後遷到廣州白雲區，租地面積約五畝。工廠建設由他全程監督，聘請師傅畫圖則設計機器，僱用三四十個梧州妹仔做工，每人月薪大約百多元。他還親自教導員工操作機器，大肆生產。

透過蒸籠生意賺取的利潤，呂明開始投資股票，購入現居的屯門明生圍地皮，住所與工場相連，兩層建築中，地下用作放置機器，二樓用作貨倉，主要負責人手加工、裝嵌，以及訂造特別尺寸的蒸籠。

08

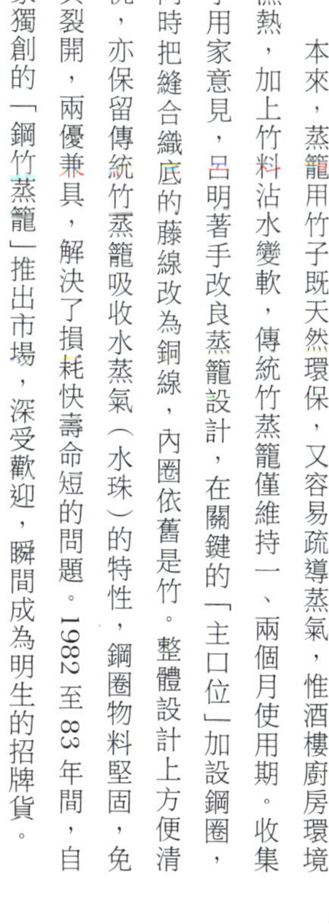

07

鋼竹合璧 創新優品

本來，蒸籠用竹子既天然環保，又容易疏導蒸氣，惟酒樓廚房環境濕熱，加上竹料沾水變軟，傳統竹蒸籠僅維持一、兩個月使用期。收集了用家意見，呂明著手改良蒸籠設計，在關鍵的「主口位」加設鋼圈，同時把縫合織底的藤線改為銅線，內圈依舊是竹。整體設計上方便清洗，亦保留傳統竹蒸籠吸收水蒸氣（水珠）的特性，鋼圈物料堅固，免其裂開，兩優兼具，解決了損耗快壽命短的問題。1982至83年間，自家獨創的「鋼竹蒸籠」推出市場，深受歡迎，瞬間成為明生的招牌貨。

呂明專注研發與改良，趁著日本電飯煲（電鍋）風潮，明生心生新意，再創發產品面世：「當時，第一個樂聲牌電飯煲出品，我便設計蒸籠配電飯煲。」呂明根據電飯煲的尺寸、容量，創造出合規格的「電飯煲鋼蒸籠」，蒸煮同步，省時快捷，獲得家庭主婦讚賞。當時門市的自家廣告以「首創萬能電飯煲蒸籠，慳時慳力慳能源（省時省力省能源）」作招徠吸納家庭客，生意蒸蒸日上。

到了九十年代，大陸陸續出現各種平價蒸籠爭奪市場，嚴重打擊本地蒸籠生意，明生流失大量海外訂單，獨創的「鋼竹蒸籠」更成為抄襲對象，猶幸卓越品質無法仿效，一陣潮流過後，客人回頭光顧。

終身志業 手藝傳承

相傳蒸籠的起源，可追溯至漢高祖時期，據說將軍韓信為避免炊煙暴露軍營位置，利用竹木製作炊具透過蒸氣煮食，蒸煮乾糧亦更易保存。事實上，有確實的考古證明，早至周代已有記錄蒸煮的方法。

時代轉變，蒸籠的製作物料推陳出新，惟獨竹蒸籠歷久不衰，蒸煮時傳熱平均，食物還散發淡淡竹香。「有外國唐人街都會用，竹蒸籠實無法代替……尤其是蒸包更自然。蒸包時如果吸了水蒸氣，包子就會發霉變黃……如果用不銹鋼蒸籠，包子快熱快冷，離開了蒸爐就冷掉，蒸出來的包子口感不好。」有廠商曾經推出塑膠蒸籠，外形如同傳統竹蒸籠，保溫效果卻欠佳，瞬間便遭市場淘汰。

「廣州以前成行成市，在香港做的蒸籠都是來自廣州。如果正式學做蒸籠要學三年師……根本上已經淘汰……新填地街有好多家店，如萬記砧板、光榮、陳枝記賣蒸籠都是由我供貨。」面對租金上升及人手不足等經營壓力，有些老字號選擇光榮結業，如今同行做買賣透過轉售獲利，蒸籠的製作工序移師大陸，輝煌一時的「香港製造」蒸籠走向沒落，近乎絕跡。現時，明生的油麻地門市由二子打理，兼售賣篩粉器、蛋糕模具及其他鋼具，長兄則掌管廣州工廠，經營規模縮減至十多人。

歷盡千帆，呂明總有說不完的「那時候」，驚濤駭浪的人生，能讓他樂此不疲的，還是一把刀一根竹，曾經有朋友建議呂明移民外國，但他選擇留下熟悉的地方繼續「自由發揮」。2018年，黃大仙祠實行求籤電子化，幸得呂明專業幫忙，割開極幼細的竹籤從中放入晶片，相當考驗耐性和定力。2021年，呂明參與賽馬會「傳．創」非物質文化遺產教育計劃，老師傅夥拍年輕藝術家，開班教授蒸籠製作及其他竹藝技巧，活現文化傳承。

習慣若自然，呂明每天早上相約老朋友茶敘，談笑風生，午間回到自家工場，以粵曲伴隨，埋首製作。轉眼間，落日餘暉灑落，全新一批蒸籠如常出產，周而復始，生生不息。

01. 蒙民偉把日本電飯煲引入香港，明生見狀推出相容的電飯煲蒸籠，以自家廣告「首創萬能電飯煲蒸籠，省時省力省能源」作招徠。

02. 竹具彈性，將竹條稍微屈曲。

03. 1971年8月購買首部機器的單據。此機器用作出產鋼蒸籠圈，後來搬至廣州廠房，至今運作不斷，利用機械代替人手快速量產，成為蒸籠行業龍頭。

04. 舊相，攝於八十年代，明生門市部舊址位於九龍上海街275號，當時為獨市經營，整條街只有他售賣蒸籠。（圖中吊牌為電飯煲蒸籠廣告）

05. 竹蒸籠製作工具，（左起）鎚子、剪刀、竹刀、自創蒸籠模具用作定型，以及已裁切的竹片。

06. 明生開業逾半世紀，有別於傳統「前鋪後工場」的經營模式，油麻地門市部現交由二子呂樂觀打理，兼賣廚房器具及供應竹料。

07. 舊相，攝於七十年代的田心工場，蒸籠製作狀況。上圖為呂明本人；下圖為員工。

08. 「明生蒸籠 與眾不同」，這八個字不僅是包裝美言，是呂明多年來累積的質素保證。

09. 93歲的呂明習慣每天仍堅持回工場監督蒸籠製作。

09

豆品師 廖翠堂——

慢磨歲月 碾出豆香與記憶

一塊豆腐，不過十元八塊。剖開它純白的肌理，透現出豆品師一門巧手絕活。

「這手藝在香港愈見稀少，恐怕全港九加起來不到五家，真的很少。」順興隆桂記掌舵人廖翠堂說。

順興隆桂記荳品廠幾乎是香港碩果僅存的老派豆品店。1977年以來，低調守在九龍長沙灣一隅，為街坊做出一板一板祖傳配方的豆品。

石磨一轉，轉出時代變遷下的夕陽行業，也淬出廖氏四代人的故事。

01

古法慢磨 明火熬煉豆之靈魂

「霍、霍、霍」，清晨7時，順興隆桂記荳品廠舊石磨如常慢慢碾磨黃豆。每粒濕潤飽滿的黃豆，也是師傅凌晨3時放水、浸泡近四小時而成的豆品靈魂。豆汁緩緩從石磨縫隙流出，滿載一個鐵桶。師傅隨即把生豆漿注進離心機，兩下子便篩出豆渣。

時至今日，順興隆桂記仍舊以明火煮豆漿。生豆漿倒進大鍋前，需經紗布過濾，再一桶接一桶，注滿48吋／120多公分的黑色生鐵大鍋，

採訪：曾雪雯
攝影：劉玉梅

02

豆香旋即溢滿整個工場。「用明火做出來的豆漿，香氣滿溢。如果換了蒸爐，味道就失色多了。」廖翠堂如此說。一杯明火煮的豆漿，入口濃郁醇厚，順喉而下，齒頰留有豆香餘韻。

近年城內盛行健康飲食，連鎖豆品產業大行其道。現代豆品廠為求加速增產，每以蒸氣爐蒸煮豆漿，以凝固劑取代石膏凝漿，整個行業生態，以至味道，也隨之改變。廖翠堂指出，凝固劑已經拿掉了豆本身的味道，還添加除泡劑、防腐劑，豆腐的真味所餘無幾。

石膏凝漿　速度與溫度考驗真功夫

時代重寫了人們對豆品的認知，也淘汰了「慢工出細貨」的傳統行業。工廠以高速一小時碾磨數百斤豆，相等於這家順寧道的石磨一整個早上的產量。廖翠堂認為，愈多經機械打磨，做出來的東西就愈粗糙，因此順興隆一直堅持以半人手、半機械方式出品。工場目前由兩名師傅主理，丘師傅負責磨豆、控制豆漿火候，謝師傅則控制熟石膏的分量。一鍋明火豆漿在他們手中迸發無限可能——經鹽滷能勾成豆腐卜，石膏「撞」出豆花與軟、硬、布包豆腐。

謝師傅把混入石膏的豆腐舀進方形鐵模。20分鐘後，滑豆腐即可切塊出售。硬豆腐石膏含量最多，師傅需一邊把豆腐舀進木製方模，一邊順勢攪拌模內的豆腐塊，延緩凝固速度。最後蓋上木蓋，再以數十斤磨石壓住，逼出水分，始壓成硬豆腐。結實的布包豆腐最花工夫，當豆漿呈半凝固狀時，女工迅速舀出兩匙豆腐，再用布包好豆腐來定形；另一女工則解開布包，再綁緊豆腐，擠出水份。待數分鐘後，將布包拆開，浸在水裏保存。店面女工邊埋頭苦幹邊道：「那麼多工夫，才賣四元，划得來吧。」

有別於機械化添加凝固劑，傳統手造豆腐考驗師傅拿捏石膏的準繩。廖翠堂解釋，「石膏放多了會生出『小沙眼』，一粒一粒沙一樣，做出來的豆腐不夠平滑。」易學難精，旁人聽來，像一門藝術。

一粒黃豆由浸泡到下石膏凝結成豆腐，既考師傅手藝，亦仰賴天時。溫度與工序環環相扣，攝氏10度以下，一桶黃豆需泡上五小時；攝氏30度以上，則只需個二個半小時。多一刻，少一秒，也會影響成品的光澤。浸豆如是，凝漿如是。天氣熱時豆腐需較少的石膏；相反，天氣冷時豆腐則要吸取較多石膏。石膏在每一天做出來的豆品也有變化。老師傅會拿每天的第一桶豆腐狀態為試驗品，再調整該日豆品所需的石膏量。所謂真功夫，就是經年累月手感、實驗與測量，絕非偶然。

告別油渣爐 焦香風味從此消隱

言談間，廖翠堂對一門手藝的自豪盡溢於眉。廖翠堂一家三代做豆品，他爸爸廖桂清師承祖父旺角廖同合荳品廠的手藝，至1945年，廖桂清在長沙灣順寧道441號自立門戶，低調經營街坊生意。廖翠堂年輕時是一名建築水泥判頭。九十年代，廖居於香港的大哥猝逝。為減輕父親工作及照顧亡兄遺屬，三十出頭的他應父親要求來港。他遂半途出家，接過父親衣缽，從浸豆開始跟父親學藝。多年來，他見盡長沙灣與豆品業的史迭。

03

04

上世紀五十年代，香港豆品廠多以家庭式作業經營，用傳統油渣爐（即柴油爐）煮食。石磨、油渣爐、生鐵鑊曾是傳統豆品店的「鐵三角」。順興隆桂記舊鋪亦是以油渣爐猛火煮豆漿。柴油火力高，配合厚生鐵大鍋，以人手炒豆漿，一大鍋豆漿滾透只需20分鐘。而豆漿亦帶有濃厚、獨特的焦香風味，被坊間視之為正宗豆漿的味道。

廖翠堂笑言，所謂「焦香味」其實是燶味。「由於豆蛋白質含量太高，凝固得太快，容易鍋底炕焦，加上油渣爐火力猛，豆漿一煮開已經黏底，那些是焦味而不是豆香味。」而這股「焦香」味亦隨時代轉變而絕跡。1990年，順興隆桂記舊店重建，廖家把店搬到順寧道451號現址。當時港府早已不再向油渣爐發牌，廖家新店只能告別油渣爐，改用煤氣爐。

a. 明火滾豆漿期間需不停攪拌豆漿，以免蛋白質沉澱而燒焦。

b. 硬豆腐放進方型木框後，以木模具加上石頭壓出水份。

c. 女工輕力以布逼出布包豆腐水分。

d. 布包豆腐遠看像一件冒煙的水牛芝士，近年愈見罕有。

近年市區重建步伐加快，同行沿用古董「鐵三角」的老字號愈見稀少。土瓜灣貴記荳品與九龍城公和荳品廠等，亦連同其油渣爐光榮退場。廖翠堂屈指一算，本地仍以石磨磨豆，人手古法造豆腐的老店不出五間，「義香（九龍城），廖同合（旺角），公和（深水埗），人和（旺角、銅鑼灣等），順興隆……哈哈哈」，他笑說順興隆桂記已是眾店裏最新的一家。

默默嚥下成本上漲的壓力

廖家一直堅持古法生產，卻屢受爐具、原材料的衝擊。廖家最初採用中國東北大豆，當年東北大豆由人手採摘，豆粒飽滿勻稱。然而隨大陸經濟騰飛，大豆不僅改由機械收割，高品質更是不再。而中國最好的黃豆亦以高價賣到日本，成為日本豆乳的原材料。2000年前後，香港豆品店轉用加拿大進口黃豆，而順興隆桂記則用加拿大非基因改造大豆。

「我不用基因改造的豆，這樣品質才會有保證。」

a

b

c

近年大豆來貨價節節攀升，一包加拿大非基因改造大豆來貨價由190元升至260元。由於店面位處長沙灣物價相對低廉地段，為保持競爭力，廖翠堂一直默默嚥下成本上漲的壓力，只求薄利多銷。「11元一碗豆花的價錢，已經維持了四年，四年來沒加過價。」可是，2022年3月，黃豆來貨價因為疫情運輸延期，急升至310元一包，他也只好無奈加價。

行業式微 師藝青黃不接

划船、打鐵、磨豆腐，自古被視為三大苦工。豆品師傅每每深夜而起床工作，對體力要求甚高，豆品售價卻是低廉，與勞力不成正比。行業青黃不接已是公開秘密，近年新界豆腐廠更興起引入外勞。

「現在整個豆品行業就是式微。豆品製作說得上是香港傳統手工業，但事實上愈是古老或傳統行業，愈難吸引人入行」，廖翠堂帶點感慨道。畢竟行業看起來不是亮麗、創意那種，幹下去需要意志和耐力，新人或會卻步。

豆品店從早上7時開門到晚上7時，廖翠堂每天離開前，會先浸好大豆。兩名師傅深夜11時便回到工場做首輪豆腐、豆卜，至凌晨3時離開前，再浸泡下一批豆，始回同區宿舍補眠。四小時後，兩人又回到店裏做第二批豆腐。工場無論晨昏也炊煙裊裊，除農曆新年休市十天外，天天如是。平日每逢師傅放假，年屆六十的廖翠堂便會親身上陣，他笑道：「五十多歲做這個行業，還算是年輕的啊。」

留住手藝　留住味道

廖翠堂從踏進香港第一天，已在順興隆桂記工作。他記得自己學師時，豆卜是以生石膏撞豆腐，而非鹽水滷成。直至 2004 年左右，生石膏師傅張承源退休，全港豆品業自此只能改製鹽滷豆卜。他嘆道，鹽水勾花與石膏勾花是兩碼子的事。「石膏勾花做出來的豆卜漂亮多了。現在做鹽水勾花，經驗稍一不足，勾花晚了，就炸不起來。」

守業難，或許難在於時代洪流中站穩陣腳。與 28 年相比，謀生以外，廖翠堂身上更多一份責任。「就當作傳承家族行業，能維持兩餐溫飽，於願足矣。」他的堅持不無價值，常有舊街坊搬離順寧道，亦會從上水、東涌、港島千里迢迢回來吃一口豆花。「這些熟客會一直光顧下去，因為習慣了這種口味和口感，難以在別的地方嚐到。」

廖翠堂並非是唯一想守業的人。廖翠堂的長女廖嘉瑜八年前回到老店，最初純粹分擔爸爸的工作。後來，她卻被專誠而來的客人所感動，希望讓更多人尋回記憶中的味道。

味道是一種私密體驗，混雜記憶與感情。在嘉瑜的記憶裏，兒時放學總會到店裏找爸爸簽回條；而爺爺則在這裏教她分辨豆品的好壞：豆卜要輕又有色澤；豆花要光面，滑而不散。

如今，她記著要訣，為客人撞一碗又一碗的豆花。她常自比橋樑，既為客人連接舊記憶，也保留弟弟與祖業間的橋樑，待最小的弟弟長大後承接家業。「就算生意做不大，也要穩住這家業，希望十年、二十年後，喜歡我們豆品味道的人，依然會循著記憶回到店來。這樣的話，我覺得已經很好。」真的，這樣的話，豆腐手藝也許就給留住了。

01. 一杯明火豆漿，入口濃郁醇厚，豆香濃郁。
02. 順興隆桂記門外前有一輛送貨單車，它與桂記一樣年逾七十。
03. 師傅以 48 吋大生鐵鍋明火燒豆漿，期間需要除去泡沫。
04. 謝師傅一邊填滿方模，一邊攪爛模內豆腐塊，好讓硬豆腐平均凝固。
05. 豆漿燒滾後，需以紗布隔渣四次，成品方會香滑。
06. 黃豆浸泡四小時後，粒粒飽滿，豆身帶光澤。
07. 廖翠堂每天守在店裏，孫子放學後來店找爺爺。

07

金冠牌

何家獨守秘方 金寶冰廳何楚華

絲襪奶茶 點滴在心頭

手執連鎖咖啡店的精巧紙杯咖啡，在城市中穿梭，甚為風尚。然而，香港人的心靈歸宿始終是盛載在厚厚瓷杯內的港式奶茶，其醇厚順滑的口感不只滿足口腹之慾，亦勾起與香港有關的點點滴滴，實實在在是香港人的Comfort food。

位於九龍新蒲崗的金寶冰廳開業四十餘年，憑藉一杯香醇綿滑奶茶，在朝生暮死的飲食潮流中，熬過一波又一波的巨浪，成為這個社區的知名老店。第二代傳人何楚華少年時代在冰室學藝，開始鑽研奶茶，一沖一撞，獨創出色香味俱全的濃香奶茶秘方，傳到第三代依然是茶香滿溢。

採訪：周燕
攝影：Carol Lau

01

港式奶茶老店老社區

近年市區重建步伐急促，發展伸延至九龍老區，鑽石山、啟德（香港舊機場區域）進駐多個大型地產項目，高樓拔地而建，以資識別的不再是熟悉的舊街牌，而是刁鑽彆扭的豪宅「澐璟」與「Upper Riverbank」。與之毗鄰的新蒲崗風貌依舊，社區的經絡依然是那八條以數字順序搭配淺白漢字命名的街道，骨幹則是一棟棟經歲月洗煉的舊樓房，帶動著社區脈搏的是尋常百姓的生活日常，譬如搬運工人的勤快勞動、婦女為家人張羅三餐的精打細算、年輕人為夢想前程打拼的熱情。

金寶冰廳是社區風景的一部分。門頂是金漆的漢字招牌，筆畫端正分明，是香港熟悉同時又愈益少見的陳設。進門只見店子窄長，無論木方桌、廂座皮椅，還是彩色紙皮石（馬賽克磚）地板，處處流露歲月痕跡。前方是數張餐桌，後方是水吧（茶水部），供應經濟果腹的多士（吐司）、麵食及碟頭飯（蓋澆飯）。無論吃甚麼餐，大部分客人不忘配上一杯熱奶茶。

港式奶茶可謂歷史的產物，也融入了香港人的創造力。昔日香港是英國殖民地，港式奶茶脱胎自英國人下午3點後享用的英式奶茶——錫蘭紅茶混上鮮奶及糖。二次大戰後，政府為了安頓大量貧困人口就業，發出牌照予熟食攤販，是為「大牌檔」，讓低下階層以低廉的租金經營為生。不少大牌檔都有供應奶茶，而這種奶茶採用廉價紅茶葉，加入泡茶、「撞茶」等手法，以淡奶代替鮮奶，調製出風味獨特的港式奶茶。

奶茶靈魂之配方與手藝

一杯熱奶茶，是茶餐廳的靈魂。金寶冰廳的出品從不讓街坊失望，厚身瓦杯端上來，冒著一縷幽幽的白煙，趨近一嗅，茶香誘惑，入口醇厚綿滑，餘韻悠長，搭配菠蘿油或者多士，就是一頓完美的下午茶。掌控著這重要命脈的是金寶冰廳第二代傳人、62歲的何楚華。

何楚華是金寶冰廳的水吧（茶水部）師傅，堪稱餐廳的奶茶之神，調製了獨特配方。「我們採用的茶葉來自香港三家供應商，並且混合著不同粗幼度。」那分別是立頓的粗茶、四號的中粗茶及錦標的幼茶。立頓粗茶，取其香味；錦標幼茶取其色澤；四號中粗茶兼取香味。至於三

02

03

者比例，乃店家的獨門配方，何楚華稱不可透露。三款茶葉按配方混合好即可使用。沖泡程序、手藝及時機決定了奶茶是否能完美呈現。沖泡的時候，奉行三焗二「撞」的原則（焗，即泡）。

首先是煮茶，水至沸點後泡三分鐘，然後把茶水提高至半空，經茶袋倒進另一茶壺內，來回兩手，稱之「撞茶」，講求速度和力度。如此程序重複三遍，茶味便夠濃夠香，可用作調配熱奶茶。何楚華習慣先加淡奶，再加熱茶，「只要前面的沖泡程序做得足，茶味已迫出來，無論先放淡奶還是熱茶，分別也不大。如果你嚐到熱奶茶有苦澀味，那是因為茶還沒泡得透徹。」

04

05

06

07

撞好的熱茶要在半小時至45分鐘內享用，否則茶味會隨時間流失。過了這關鍵時間的茶水可用作沖泡凍檸檬茶。至於凍奶茶，因為加冰塊的緣故，為了保持茶味濃郁，採用的茶葉比熱奶茶多二分一。由此可見，茶底是根據冷熱及茶款而精心調校，細微處見真工夫。

另外，撞茶的茶袋亦有所講究，那是一種特製的布袋，布料為未經漂白的粗白布—扣布，絲線比一般棉布疏鬆，有利迫出茶葉味道。不過，茶袋隨著使用次數增多，表面附上的渣滓亦愈來愈多，會阻礙茶味的發揮，大概七至十天便要更換一次。港式奶茶有「絲襪奶茶」的別稱，也是源自這染上茶色的布袋。

器具方面，正當很多新式茶餐廳貪方便，採用不鏽鋼或塑膠杯，這裏依然使用杯身厚厚的瓷杯，保溫之餘，亦保留舊時代的風味。

由茶葉併配、水溫、沖泡手藝乃至時間，均影響一杯奶茶的味道，每個環節也要拿捏得宜才能成就口中的甘醇。

殷實三代沖泡師

沖泡奶茶需要時間熬製，手藝何嘗不是日積月累的精華？何家祖籍潮州，何楚華的父母何南泉及陳雁賢早年在大角嘴經營米鋪，1978年移師到九龍新蒲崗，經營茶餐廳。「茶餐廳生意比較易做，因為昔日的新蒲崗有很多工廠，製衣、洋娃娃、手套、迪士尼衣服等等。下班時間，是看不到行人路的，到處都是人潮。」

08

09

上世紀七十年代正值是香港製造業的黃金時期，大量人口從事輕工業，當時的新蒲崗是其中一個重要工業區。時至今日漫步其中，依然找到那段黃金日子的一鱗半爪。例如大有街矚目的「紅A」標誌，那是由星光實業創辦的一個家傳戶曉品牌，二戰後一直扎根香港，生產各種塑膠家庭用品。又例如與「紅A」一條馬路之隔的長江製衣有限公司，至今依然保留金漆端正招牌字樣，格局陳設都是原來模樣。

何楚華當時根本不懂經營飲食，父親何南泉著他出去學師。何楚華拜師九龍太子上海街的[1]鴻運冰廳餅店，學做水吧師傅。學藝的時間不長，只有一個多月，但總算對營運冰廳有了基本概念，並把所學運用到家庭生意，在實踐中摸索出自己的一套。

[1] 鴻運是現存稀有的閣樓茶室，多部香港電影在茶室取景，1998 年周星馳電影《行運一條龍》也有此取景。

這四十多年，香港經歷了不少變化：工業式微、啟德機場清拆、政權易幟、1998年亞洲金融風暴、2003年「沙士」疫症以及2020年新冠病毒肆虐全球，冰廳依然屹立不倒，除了適時改善食物的款式外，還是持守著當初開業的微願，殷殷實實地做民生小生意，不求大展鴻圖，只求保持本質。

今天何南泉已屆九十多歲，早已退下火線，偶然出現，跟街坊熟客見面，聊聊天。何楚華跟弟弟何楚榮一直肩負打理店子的責任，直至近年何楚華的兒子、30歲的何沛霖有感上一輩年紀老邁，全情投入店務。現在，何沛霖每天清晨到店面，為開鋪做好準備，跟隨父親、叔叔學習經營之道，沖泡出杯杯道地的濃郁奶茶。

一杯杯的奶茶，港人始終厚愛。紅茶、鮮奶不是原地產，但港人把高質粗料都混合起來，創作出一道香港文化的平民飲料。此時此地喝一口，可以紓解憂勞；遠走地鄉的異地客，捧著一杯暖心的絲襪奶茶，喝的是地方人情記憶，也許就能排遣淡淡的鄉愁。

01. 選用三種來自不同供應商的茶葉。
02. 第二代何楚華見證新蒲崗變化，唯一不變是自家製的香滑奶茶。
03. 凍奶茶有冰塊，為了保持茶味的濃度，用的茶葉較熱奶茶多。
04. 香港以急速發展聞名全球，何南泉一直將冰廳傳到第二代、三代，實熟難得。
05. 創辦人何南泉 90 多歲，早已退下火線。
06. 一般使用淡奶，採用煉奶的話則喚作「茶走」（不放糖，因為煉奶已夠甜）。
07. 人手下單，舊派作風。
08. 瓷杯盛載，保持原始風味。
09. 疫情期間政府對食肆食客數量有所限制，舊街坊依然到場支持。
10. 左起金寶冰廳第二代何楚榮、何楚華、第三代何沛霖。
11. 熱茶要經歷三焗三撞才有足夠的茶味。

11

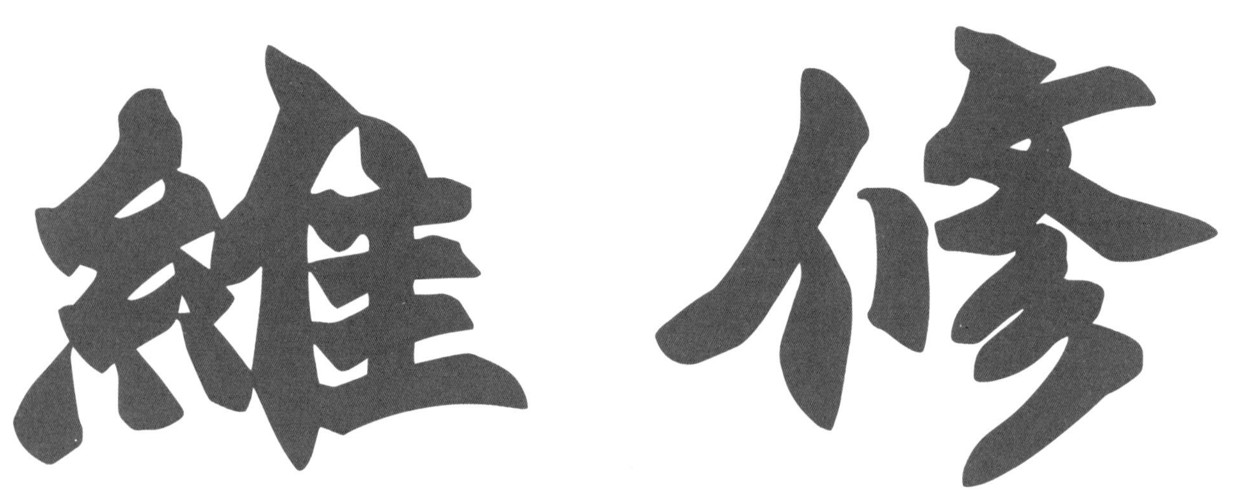

修修補補，是香港的節儉文化。錶、傘子對於上一代來說，是一輩子的承諾，陪伴餘生的伴侶。這些維修鋪或建於樓梯底、行人路一隅，維修職人一代傳一代，默默將技藝昇華，有些師傅還成了世界級 Master。高手在路間，這句話套用在香港絕對是正確無誤。

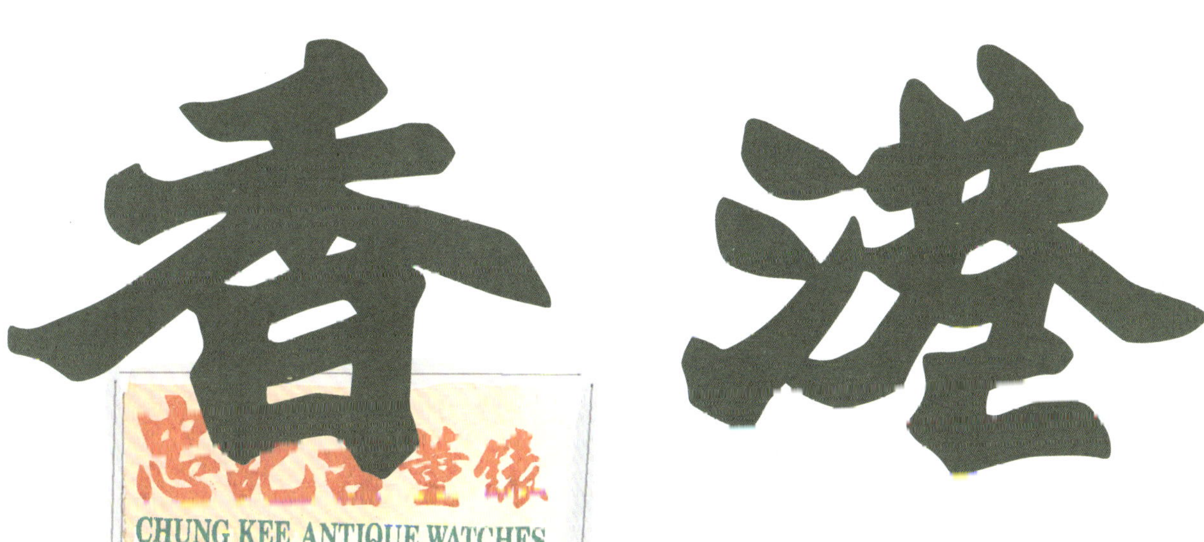

香港

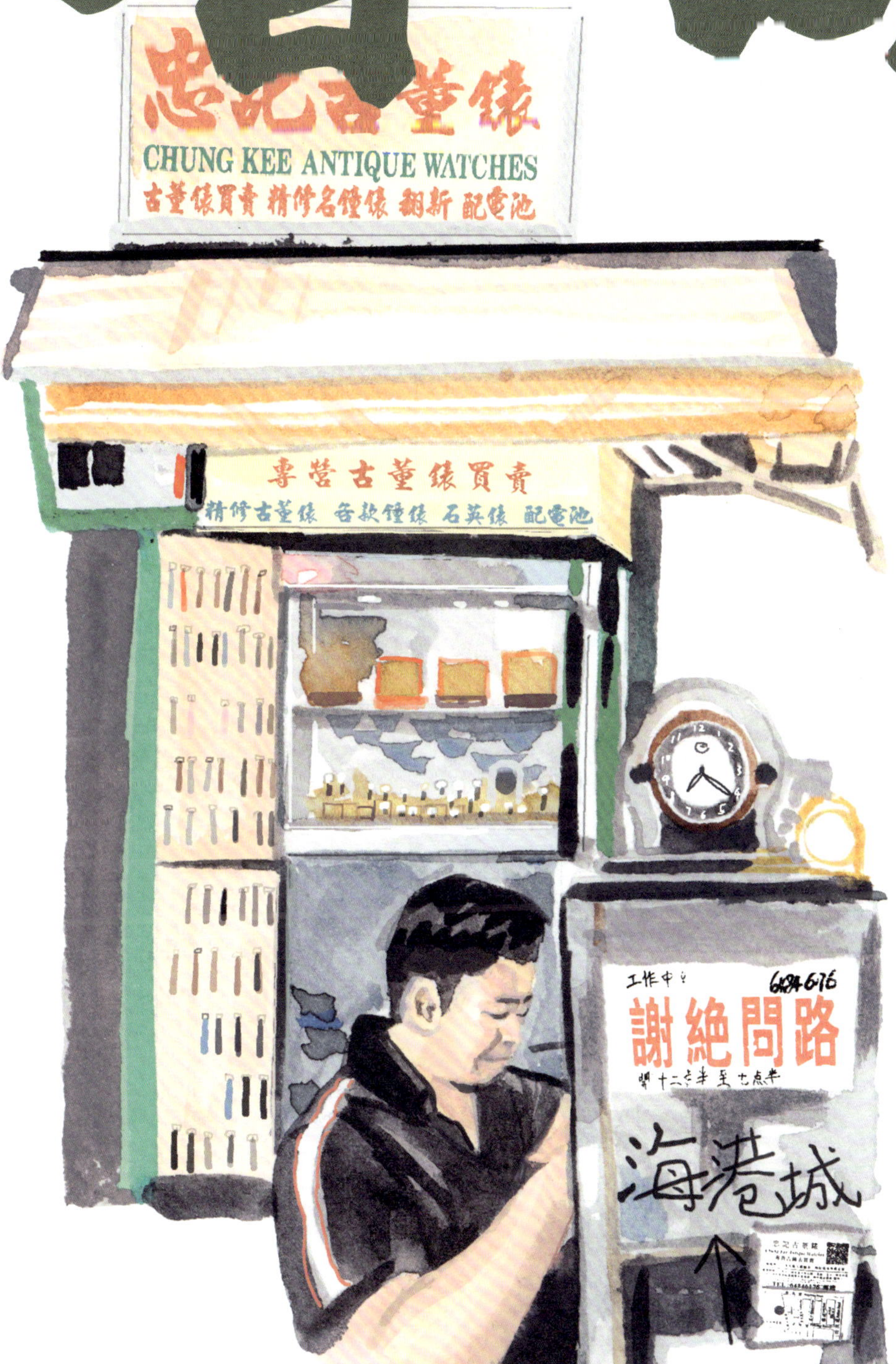
CHUNG KEE ANTIQUE WATCHES
古董錶買賣 精修名鐘錶 翻新 配電池
專營古董錶買賣
精修古董錶 各款鐘錶 石英錶 配電池
工作中
謝絕問路
海港城

01

巷口鐘錶修理師 馬靖

忠記古董錶 父蔭下承傳——

採訪：小青
攝影：劉玉梅

「海港城怎麼去?」又一個途人誤進小巷……小巷在九龍公園徑側、裕華國際大廈後面，巷頭只有一個小小的維修鐘錶牌檔（持牌的攤位）「忠記古董錶」，馬靖繼續低頭修錶不加理會。

檔口前方是工具櫃子，上面的防風玻璃貼著「謝絕問路」四個紅色大字。問路人還是心急，馬靖眼角也不瞟一下，只動了動手指頭，指一下紅字下的手寫箭頭和大字「海港城直去」，沒半句話的交流。

「其實政府應該設一個路牌。」他喃喃投訴著。他說以前舊檔口在金巴利街有30米濶，大多了。「1999年人廈重建，老爸才搬來這裡。」聊起錶，馬靖就開懷，說錶就如人，要擦油保養；游絲擺輪就如同心臟，一張一弛讓計時準確。在不足一米乘一米的小檔口，修錶工具擺放整齊，手到拿來。我們一聊就是數小時，馬靖側身走出檔外，從檔口的綠色鐵皮牆層架上的電熱水壺，緩緩倒了杯暖水，「一定要飲水。」他認真叮囑。

02

「忠記鐘錶」兩代匠人

叫馬靖做馬師傅，他感到有點不好意思，說叫他馬仔（小馬）便可。馬靖四十來歲，祖籍潮州，是[1]牌檔第三代持牌人。「爺爺不是做（修理）錶的，那時在九龍尖沙嘴金巴利街出租漫畫、金庸小說，後來就租漫畫，《中華英雄》那些。但我不讀書，連漫畫都不看，就喜歡玩，或去打球。」馬靖常常將「讀書不成」掛在嘴邊，說這是他的入行原因。

「忠記是老爸的名字，他在鄉下學修理鐘錶，八十年代時祖父退休，爸爸便來香港接手。」檔口貼了多張父親和明星在店前的合照，照片略有褪色，當中的檔口卻跟現在的沒多大分別，燈箱招牌由白綠色換成了黃橙色，帆布帳篷換過但仍舊是搶眼的橙色條子，古董錶陳列櫃還是同一個。

「從前放學來到檔口，老爸教[2]放鏈、[3]種車芯，我站著看但無心學。」馬靖在職業訓練局畢業後，做過工藝品銷售，2003 年轉讀電子，改做維修閉路電視，輾轉當上紗廠工人，後來失業。「一個月才賺四五千元，好辛苦。老爸 2007 年走時才剛過六旬，不煙不酒，死於腎癌，飲水太少。」記者恍然明白為何檔口會有個電熱水壺。「上一代人好內向，老爸知道自己快走時，就暗示我多點回檔口試試。我 2008 年回來接手，甚麼都不懂。」馬靖說從沒有正式跟爸爸或任何師傅學過，更不用說正式課程，「上一代的師傅通常都這樣。」

遇難愈求技藝精進

馬靖熟練地拆開一隻 Omega 1970 年代女裝自動錶，才大半個小時，二三十件零件[1]佈在煙紙（捲煙紙）上，等著清洗擦油，「老爸未走前，不會記得他教的，走後卻全部記得。」他帶點調皮的笑道。初時接手生意，也推過一段日子。「全靠老爸口碑好，客人才敢放下手錶讓我維修，這樣才有練習的機會。學師時常做到忘記吃飯，朝十晚十。我第一隻修的錶是計時錶，是『7750 瑞士機芯』，連續修了九小時。」

坐上師傅位已十多年的他，機械錶、自動錶、石英錶、電子錶的保養、換電、維修都做過，當中不乏 Patek Philippe、Audemars Piguet、Rolex、Longines 等名牌腕錶，但馬靖卻說不曾有一刻自覺「學滿師」。「一面做一面學，有些款式根本沒見過。昨晚修一個精工牌潛水錶，我從未拆過。它要從錶面撬開，以前接觸類似的錶，連錶蓋都打不開。」棘手的錶，竟成了父與子再次連結的橋。「好奇怪，老爸剛走不久，我每次遇到不懂修的錶，夢中老爸就會出現教我，又帶我去配零件。他臨走前，真的有帶我去過佐敦道配零件。」提起父親，馬靖流露的不是悲傷，而是敬仰和思念。

馬靖鉗起只有尾指指甲般大的游絲，游絲是一圈一圈繞成圓形的彈簧，像一圈蚊香，日子久了會積油，積油太多走時就不準。「太小了，擦不到，老爸教我將煙紙夾在一層層游絲上，加電油清洗，可以吸走多餘油漬。香港買煙紙不便宜，我們從鄉下大袋大袋的買回來。」

「咯咯咯」像打字機的聲音從馬靖身後傳來，「這座是校錶儀，是古董啊，也是老爸留下來的。」校錶儀印出一張紙字，上面有一行線。所有零件清潔擦油後，要重新裝回，還要檢查走時快慢。「如果線條是直的，就是走時準確，偏左或偏右即是慢了或快了，調校游絲就能控制快慢。線的顏色都淡了，新式的校錶儀大多轉用液晶體顯示屏，不用這款了。」

匠心獨運 磨器活命

從金巴利街搬來，大鋪搬小鋪，不少工具都留不下來，但錶款愈來愈多，馬靖在檔裏花最多時間就是打磨改裝工具。「從前的磨機壞了，換了新款的，磨頭找也改裝過。錶座亦要自己磨，有些錶是這邊三個按鈕，有些就另一邊兩個按鈕，但不能每次都買新錶座，唯有自己改裝。有些螺絲刀專修某大牌子的錶，一個就要數百元，壞了又要買，那就買刀頭自己磨。」馬靖拿起一個刀頭，問有沒有看到有甚麼特別。刀頭比牙籤還小，眼睛花了數秒才對焦刀頭上端的小倒勾。「這個小倒勾都是我磨出來的。有些錶的蓋密封，打不開，強行撬開（扳開）會撬花。唯有在錶的螺絲位置，把這小倒勾放進去，再勾上來打開錶蓋。」

1 九十年代初，回歸前港府一度取消流動小販牌照政策，2009 年初落實小販發牌政策檢討後，截至 2021 年 12 月底，市區共有 5,051 個固定攤位（不包括臨時小販牌照）和 153 個流動小販牌照；新界區則有 217 個固定攤位（不包括臨時小販牌照）和 177 個流動小販牌照。

2 「放鏈」即停止錶內零件的運作，將發條消除動力；如沒有妥當放鏈，打開機芯，所有零件可能四散，難以維修。

3 車芯是一支極細的針，是腕錶不可或缺的零件。車芯失修，工匠須垂直穩定地放置新的車芯，行內稱「種車芯」。若腕錶的款式太舊斷貨，工匠會製車芯，延續老錶生命。

「開錶匙、鋼孔、針孔板……」馬靖介紹不同的修錶工具，「名字未必正確，我沒有正式上過課。」說罷便轉身在小抽屜內拿出一個小小的塑膠儲物盒子，裏面全是如綠豆般大的零件。

「你看，這些都是寶物啊！那是『紅寶石』。」錶匠口中的紅寶石大多是人造的，不是首飾，而是用來避震、減低軸心磨損的重要零件。「每個錶最基本多有十幾粒紅寶石。這粒是AP（Audemars Piguet）專用的，好經典好薄，中間有個小洞，買回來也要千多元。」這盒小寶物，有些從網上買來，有些就將收來的舊錶拆開取出零件，以備不時之需，救活另一隻錶。「這個寶路華機芯，內裏的『紅寶石』很有用，如果客人的錶的『紅寶石』裂開，就可以換上。有些錶的把芯丟失了，也從這裏找合適的零件，改造後換上去。」尋尋覓覓，花心機時間改裝修理，如果錶就如人，那馬靖就是錶的整形移植醫生。但匠人之心非人人懂欣賞，「有客人換一粒零件幾塊錢也嫌貴。可知道，要找到直徑、大小適合的零件很花時間，有合適的已很好運。」

街頭維修師傅好重要！

中午時分，一位女士走到檔口來，掏出跌得破碎的手錶，馬靖放下手上正在清潔的自動錶，接過客人的電子錶。「我昨天來過，你沒有開店。」「有呀，我開12點半，可能你太早來。這個錶可以換玻璃面，180元，現在馬上修理。」15分鐘後，手錶已換上全新錶面，玻璃光滑透徹。「原廠維修中心要等一星期才能取回，而且原廠保養早就過了。這錶是幾年前女兒出世時，家人送的禮物。這些街頭維修師傅真的好重要。」女客人說。

04

05

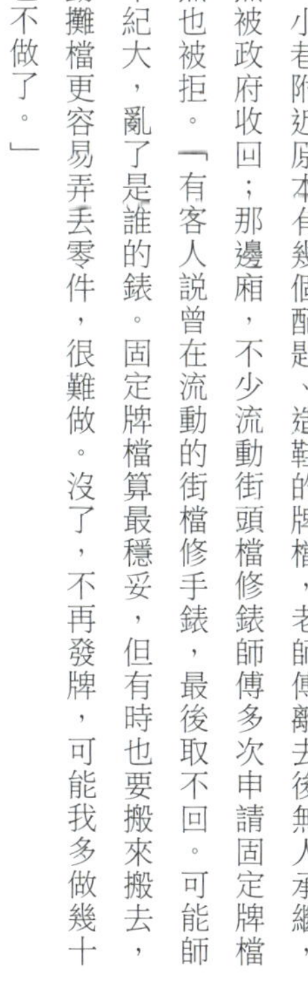

小巷附近原本有幾個配匙、造鞋的牌檔，老師傅離去後無人承繼，牌照被政府收回；那邊廂，不少流動街頭檔修錶師傅多次申請固定牌檔牌照也被拒。「有客人說曾在流動的街檔修手錶，最後取不回。可能師傅年紀大，亂了是誰的錶。固定牌檔算最穩妥，但有時也要搬來搬去，流動攤檔更容易弄丟零件，很難做。沒了，不再發牌，可能我多做幾十年也不做了。」

沒有永恆不壞的錶 只有日求進境的修理師

初冬，未到六時暮色漸暗，海風吹來陣陣寒意。馬靖穿起薄羽絨，開著小暖爐暖著雙腿。「冬天開檔比夏天辛苦，夏天我可以開冷氣，老爸以前裝了一部兩匹的冷氣機，吹到我病，哈哈。」平日沒人來訪時，

06

07

馬靖用電話重播港產片，《香港也瘋狂》、《殭屍先生》，邊看邊修錶，「修理得特別專心和快，以前的港產片好好笑。」

這年頭香港比電影劇情更瘋狂，這些年尖沙嘴曾烽煙四起，世紀疫情令遊客不見蹤影，縱使 2023 年開關迎客，街巷仍不復當年熱鬧。小檔口一一見證。疫情初期，人人在家工作，做街坊生意的修錶小檔也淡靜，但馬靖不太擔心。「近年多了人買賣古董錶，這區的名錶維修中心愈開愈多。你想想，2006 年到現在，香港或瑞士，你知道賣了多少錶？很多，是幾億！有供必有求，我不覺得少了人來修錶。鐘錶一定會壞，不可能是永恆的。」

有朋友邀馬靖開班授徒，他卻覺得自己未夠資格。「我有時都是糊裏糊塗將錶修好，客人無投訴。其實我對儲藏錶無興趣，卻喜歡裝嵌修理，修好一個錶，很有滿足感。」談起自己志趣，馬靖答得靦腆，對於修錶事業依然樂觀。「現在移民潮正盛，這些課程也很吃香。不過書本所教有限，最重要是實踐和經驗；也不會因為沒有工具就停下來，會想辦法自己改良，不是嗎？」

爾時，一對穿著端莊的老夫婦挽手走到檔前看錶，馬靖亮著古董錶陳列櫃的射燈，照亮了巷頭，停頓的指針在射燈下閃閃耀眼。

01. 在鋪前雖然放上「謝絕問路」，馬靖解釋並非無情，只是遊客打擾便不能專心修錶。

02. 馬靖指，小巷鄰居小店互助互愛，疫情期間一天清晨檔口被人破門爆竊，幸得到街坊通知。

03. 1999 年，父輩經營的「忠記古董錶」從金巴利街搬到現址。

04. 修錶器材簡單，離不開開錶匙、鋼孔與針孔板。

05. 修錶的每個工序也是師傅用夾去「勾」，極花心思。

06. 雖然手機已取代了手錶，仍然有忠實錶迷視手錶是一輩子的承諾。

07. 買古董錶的顧客有增無減，馬靖認為世上沒有不壞的手錶，修錶業未來不會衰落。

08. 修錶需要有純熟的指力與專注力。

09. 修錶是馬靖與父親維繫感情的連結，至今他仍難忘父親對他的教誨。

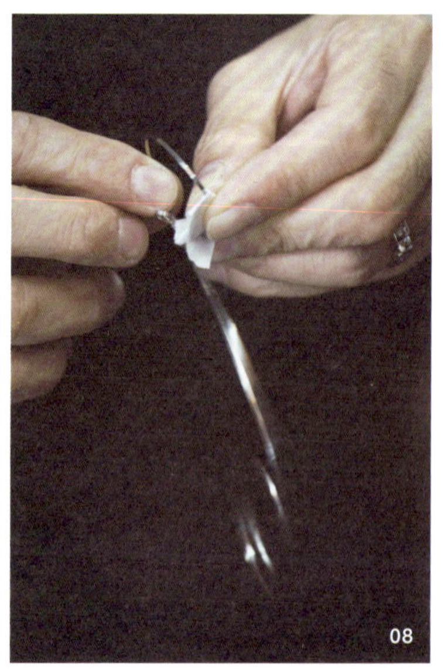
08

09

星期一至六
上午10:00 至 下午7:00
星期日及公眾假期休息
根鞋記
$250
$8

跑鞋照補 牛骨補鞋匠 蘇永權

承舊啟新，針線以外變則通——

採訪：黃曉婷
攝影：劉玉梅

根記補鞋店，小店一家，不見經傳，在城市裏彷彿可有可無。卻原來，繼承人蘇永權是專業、手藝、興趣、創意的合體，甚至受到國際人士讚賞，臉書上的Master Edward，早已超越舊日補破皮鞋那種層次，哪怕是新款球鞋、跑鞋也難不倒他……

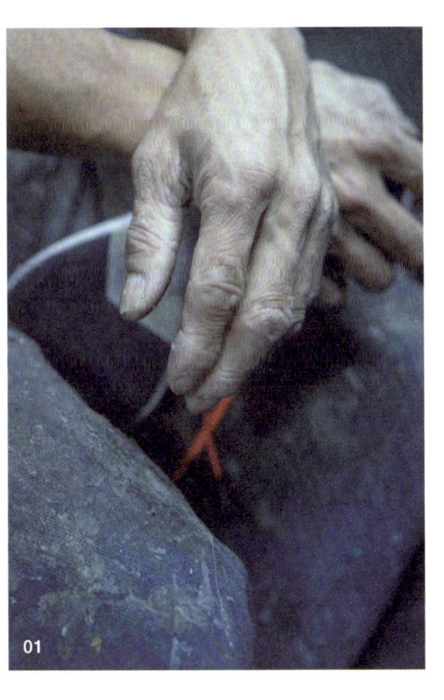
01

美孚新邨一條小橋下，亮著微微的燈光，經過時總有一股濃烈的鞋油氣味撲鼻而來，在數十呎的空間中，擠滿鞋子、補鞋材料、工具和機器，蘇永權夫婦相對而坐，默默在小店分工合作補鞋，每週六天，天天如是。從27歲做到現在57歲，蘇永權和太太已接手根記補鞋三十年，養起一頭家，帶大兩個女兒。

耳濡目染學手藝 隨興趣接棒三十載

蘇永權是根記補鞋的第二代掌門人。「從爸爸開始，我們就在美孚經營這補鞋店，到現在已經做了五十多年，爸爸做了二十年，其餘時間由我跟太太幫忙。」接棒家業，是命註定，是氛圍？在蘇永權來說，好像選項都對。

蘇永權在荔枝角長大，父親曾經是造鞋師傅，後來自立門戶做補鞋。蘇永權自小便在父親的補鞋店流連，耳濡目染下學習補鞋手藝：「簡直就是天生的！或者傳統上，爸爸做的行業希望有人繼承。從小學四五年級開始，到中學暑假，已經在這店幫忙，奠下一定的基礎。」雖然自覺有天資，但是蘇爸爸一直不放心讓他處理整個補鞋程序，只會讓他移除舊鞋底、塗膠水等，「我做的多是簡單事情，但是整個工序已深印腦海中。到自己做的時候，卻總是碰壁，未能像爸爸般順暢地完成整個工序。」

年輕時，蘇永權其實並沒有接手家業的打算，中學畢業後往外闖，在寫字樓從事印刷工作。1990 年爸爸患肺癌，蘇永權辭工回補鞋店幫忙，但也是暫時的心態，「我勸爸爸把鞋店結束，他就是不肯。也許那始終是他的終身事業，有一份成就感在其中，不想就此結束。我從小跟他學藝，就答應他辭掉工作，暫時去幫忙。」怎料蘇爸爸病重不起，於蘇永權結婚後兩星期後不幸過世，他順理成章繼承父業，太太也辭去會計的工作，幫忙家業。

蘇永權夫妻同心，繼承父業，當時內心依然掙扎，「很猶豫，究竟要不要做下去？但做下來，又覺得不錯啊，收入與我在外面打工差不多，更自由。如是者愈做愈有興趣，就沒有轉行了。」

煮湯牛骨變身工具　老爸的民間智慧升級版

接手補鞋店，蘇永權延續了爸爸的使命，基本上「救得就救」，讓一雙又一雙鞋子得以續命，「多數生意我都會接的，也是因為出於興趣，覺得補鞋匠的責任就是要救回鞋子。」

工欲善其事，必先利其器。蘇永權拿起的補鞋工具，每件都是寶

藏，「例如這塊牛骨，煮完湯後，覺得骨頭好用，就用來壓鞋。」原來自製工具也是承自父親！當年蘇爸爸為了方便補鞋，會回收搭棚工人的竹枝、舊雨傘的傘架，升級製成勾錐等工具。除了自行製作工具，又會特地找打鐵師傅訂造鐵鎚，「我們平時用的鎚無論大小跟形狀，爸爸都覺得比較輕，需要加力，於是找打鐵師傅做一個比較重和大力的鎚，相比之下，就會知道這個是重型的，我現在用的就是這個。」

以往蘇爸爸不容許兒子使用的鋒利刀具，蘇永權自接手後也慢慢學習使用，「從前沒這類剪厚和硬膠的剪刀，這是我近年從歐洲引入的。」蘇爸爸留下來的是長形薄刀，可以快速削掉厚膠，「這剪刀好處是快、狠、準，一剪下去就把不要的部分削掉，如果你用普通的剪刀來剪始終有點距離，不夠準確，要再花時間去打磨。」不過壞處則是較容易受傷，「爸爸不許我用，因為常常會割傷手。有時候角度或力度不對，就會傷到手，曾經受傷，不斷冒血，最終要去急症室！」

蘇永權有些工具則因為太舊而停用，變成收藏品，有些以舊報紙妥善包起，仔細一看，已是1994年的舊報章，「不常用，是捨不得用！有些工具現在已有替代品，有些已經用舊了，再用就會損壞。」

傳承了工具，也傳承了爸爸的智慧，蘇永權還會將自己的創意融入到補鞋上，他以電動打磨器取代以往的錐子，劃出淺淺的坑紋，方便用針線縫補鞋子時藏起蠟線，美觀而實用：「這個也是我自己想出來的工

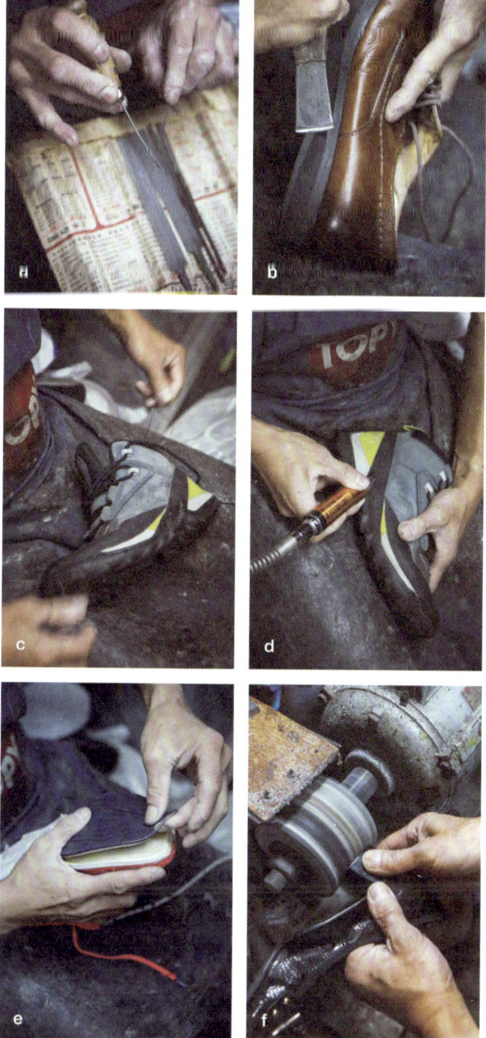

a. 爸爸的部分工具因為太舊而停用，蘇永權以舊報紙妥善包起，全數收藏起來，不捨得丟棄。仔細一看，已是1994年的舊報章。

b. 以往父親不讓自己做的工序，至今已熟能生巧。

c. 因為興趣，蘇永權獨愛補登山鞋，一針一線牢牢縫緊，方可確保耐用。

d. 蘇永權以電動打磨器自創補鞋方法，劃出淺淺的坑紋，方便縫補鞋子時藏起蠟線。

e. 補鞋也需要與時並進，最近蘇永權的得意之作，為成功修補目前長跑界流行的碳纖維板跑鞋。

f. 以前機器種類較少，蘇永權接手後引入新機器和工具，增加提升修補效率。

03

具，是雕刻用的一個打磨工具，只要我刮下去，就會開出一條坑紋，坑不用太深，能把線藏進去就可以了。」他發現用刀需要更用力，而且容易割穿或刮花鞋子，效果不好又容易受傷，於是自創了新方法，「其實香港沒有人這樣做，是我自己創發的，其他補鞋師傅都跟隨我用這個。」

面向新時代鞋款 老店注入新元素

都說香港人頭腦靈活，善於經營變化。蘇永權隨著鞋款的千變萬化，在技術、工具各方面也與時並進，為老店注入新元素，「以前機器種類比較少，單調而缺乏變化，現在機器和工具都演化了，能配合不同鞋款、鞋材，我都添置了。從前有些位置修補不了，現在新機器都做得到。」

傳統補鞋大多數以皮鞋為主，一般是局部修理鞋底、鞋跟等鞋子老化磨掉的部分。近十年，補鞋方式因為鞋款增多而趨向多元化，「許多配合便服的休閒鞋和具功能的鞋款，例如專業跑步、專門攀石、專門登山等。功能性比較多的鞋，鞋材和破爛的方式也有不同，就要用上不同方法，我們從前也曾接觸過。」

補鞋與造新鞋不同，生產新鞋子，大多是單一款式，流水作業，大量生產，但是補鞋匠卻要面對全世界不同種類的鞋子，「任何牌子、任何種類、任何功能的鞋，我們都要設法去修補，要靈活變通，不能一個方法用到底。材料處理也一樣，除了買新的材料，我會留住一些舊材料，比如客人不要的鞋、舊鞋底等，因為那些材料可能找不到，留起來他日會有用，所以儲存了很多。」

可以說，蘇永權的補鞋店就是個儲備庫，由早期只有三至五款鞋底備用，直到現在已發展成有三十至四十款鞋底，為了積存不同尺碼，於是就租了倉庫儲物，營運成本變相提高了。「要記住不同鞋款適合不同的鞋底，連Model Number（型號號碼）都要記下來，這方面跟以前很不一樣。客人對質素的要求也提升了。不同鞋底功能各異，軟硬度也不同，每雙鞋子有不同的需要。我們要把每一款的差異記下來，這方面跟爸爸的年代亦很不一樣。」

獨愛跑步越野 寓工作於興趣

接觸眾多新式鞋款，蘇永權獨愛修理登山或跑步鞋，只因自己也是用家，「因為健康問題而要減肥，2002年開始練跑，到2013、2014年，開始轉跑越野。這跟工作相輔相成，興趣剛巧跟鞋有關，那自然會設盡辦法修理這種鞋。」他以11小時17分鐘紀錄跑過毅行者100公里，又試過走出國際跑環勃朗峰，「權哥」之名在山界薄有名氣。

早年香港沒有人會補越野跑鞋，蘇永權就從外國訂鞋材回港研究。「跑鞋常有新款式，我就把鞋拆開，了解裏面的結構，只要掌握得好，就算鞋子破爛了我也可以修補，這樣很有滿足感。」

無師自通補新鞋，過程艱辛，進度緩慢，鑽研良久，刷盡了人情牌，以山友的鞋做過多次實驗，終於找到合適的材料修理，山友亦會找他補「戰鞋」，「香港沒有修補越野跑鞋的專業，但我做這種運動會明白客人的需要。起碼不會用釘子，否則跑越野時壓下去，就會扎痛了；脫落了的部分不適宜用膠水黏合，而要用傳統的方法捆紮，把鞋固定，防止再爛下去。還有，穿這鞋款通常要爬高爬低，會把鞋弄濕，會踏不同路面，變化很多，我們補鞋的就要迎合這些需求。」

最令他意想不到的，則是到外國比賽時，專門生產越野跑鞋鞋底的品牌負責人竟認識自己，知道他為不少跑手補鞋，「我把鞋子拿起來看，用廣東話跟朋友說，這些鞋子有這種那種缺點，有這裏那裏做得不好，我假設那位仁兄聽不懂我說甚麼。沒想到，他看著我說，你品評得那麼專業，一定是香港的Master Edward（蘇永權洋名）了！原來他們有看我的Facebook專頁。那一刻，我是蠻驚喜的。」

不汲汲於速效 專精於純手工

鞋子不斷革新，配合鞋款的改變，蘇永權也要更新學習，「外國會有專門的補鞋匠把作品或者補鞋方法放在網上，我們內行人一看就知道那些補鞋方法，也知道有些方法隱藏了沒有公開。如果你能猜得到，又

04

看得到彼此的分別，就會吸收到有用的知識。」外國鞋匠大多數已邁向機械化，補鞋的確很有效率，不過蘇永權卻認為傳統補鞋仍有難以取代的地方，「比如我剛才修的這雙鞋，用機器的話，有些彎位轉不了，也不能在一個平面上用機器做，這些在外國通常會用膠水黏合，但不會持久，有機會脱落。我們用純手工去做，這是他們做不來的了。」

目前傳統補鞋匠已買少見少，即使有年輕人入行，也是如外國鞋匠一樣用機器為主，大多是在新派的補鞋連鎖店工作，蘇永權直言：「我想，現在退休或轉跑道的比入行速度要快。本地師傅數量愈來愈少，老的老，退休的退休，也有些會轉行，有些未必單一補鞋，會兼做其他的，配鑰匙，賣其他雜貨的都有。」

傳統和新派兩者，最大分別是方法和經驗，即使用同一款材料，效果亦有分別，「最大分別在於師傅的手藝吧。有些鞋破爛了，不是每個師傅都懂得怎麼修。普遍來說補鞋匠修的種類比較狹窄，他們但求客人高流量、修鞋快速完成，太複雜的寧願不接，或者利潤較少的也不接。」蘇永權的原則一直是「救得就救」，不過當然也曾遇過一些「無得救」的鞋子，或者修補比鞋子定價還要高，也只好請客人放棄。

現時根記每天大概修補二十至三十雙鞋，其中200至300雙鞋子要在二至三個月內完成，手上則總共有700至800雙鞋子，多得要暫時存倉。兩名女兒沒興趣接手生意，但偶然會有為興趣、想學一招半式的來當學徒，卻並非承傳行業，這樣下去。行業的手藝就會失傳？「相信未必會失傳，但會轉變，或者某一些修補方法沒有人肯做。據我所知，一家結業就少一家了。」蘇永權女兒們已經投身社會，經濟壓力減少，但蘇永權仍無意退休，也沒有積極找接班人，「還是隨緣吧，始終這個行業接觸的東西比較骯髒，不是每一個人都喜歡。我能做一天就一天吧……」

一雙鞋子，在如蘇永權的專業補鞋匠手上，經過修補得以續命，物料也盡量循環再用。可是，這樣講究手藝的事業有沒有永續這回事，就真的只能隨緣嗎？

01. 長年用不同的工具修鞋，蘇師傅雙手起繭，留下歲月的痕跡。

02. 根記補鞋坐落於美孚一條小橋下，老闆蘇永權於27歲時繼承父業，已度過30個寒暑。

03. 業界視蘇永權為修跑鞋的Master，很多跑手遠道而來給他修跑鞋。

04. 爸爸一代不習慣寫單據，於是店裏會有一對對膠牌子，一個掛在鞋子上，另一個給客人保存，以便取鞋時作記認。現在雖然已有單據為憑據，蘇永權和太太仍不時會使用牌子作記號。

05. 根記每天大概修理二十至三十對鞋，蘇永權認為現時與以往最不同是鞋種的變化。

06. 蘇永權的補鞋工具中，有不少繼承自父親，例如專門向打鐵師傅訂造的鎚子。

05

06

新　城
清道光　十二年創
鈦合金 $87
GERMANY
$115
$115

新藝城傘王 邱耀威

四十載留傘亦留情——

採訪：黃曉婷
攝影：劉玉梅

漫天風雨，無所依靠，一步一踉蹌……這時候，能夠握住一把良傘，心裏才覺踏實，才有勇氣走下去。可是，良傘也有損壞的時候，在物質富裕的今天，丟棄那麼方便，良傘與美傘又何其多，你還有甚麼理由把傘留住？

「甚麼？現在還有人修補雨傘嗎？」途人經過，看著補傘過程讚嘆一番便離去。現年67歲的「新藝城」老闆、素有「傘王」之稱的邱耀威，似乎已聽得太多，對此不以為意，反而對自己補傘信心滿滿：「真正的師傅，是甚麼傘也能修好，修得開收自如。現在啊，這樣的師傅連我在內不出五個，而且都上年紀了。」

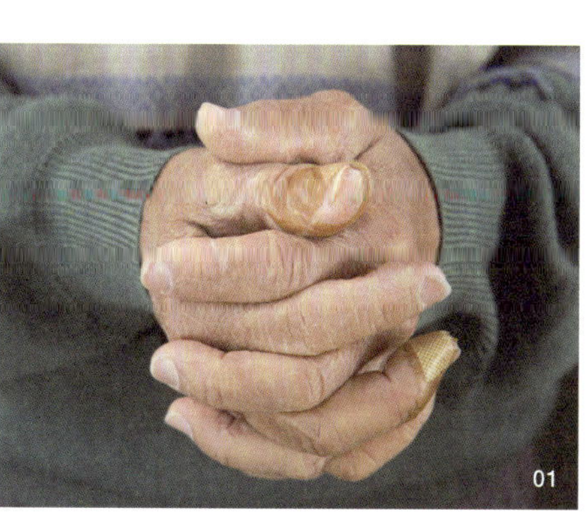
01

完美工藝的要求

「新藝城」以造傘起家，始創人是邱耀威的祖先，創立於清道光22年，即公元1842年，「我們上幾代都是造傘的，就在廣州一德路，即是聖心教堂附近，但門牌，就記不起來了！哈哈！說不定店鋪樓房已經拆了重建了！」邱耀威笑說。「舊日的傘，所值不菲，並不普遍。那時候的傘叫油紙傘，手工繁複。我想只有有錢人家才買得起！可能祖先覺得造傘賺不了甚麼錢，就不做下去。」

後來邱耀威爸爸一代南遷，到香港發展，新藝城那時已沒有造雨傘，主要是賣傘和修補。邱耀威在香港出生，自小已接觸雨傘，是新藝城第五代傳人。但沒想到，「傘王」喜歡傘，是有著詩意的情懷、藝術的視角：「喜歡傘，是因為傘的形態很美，上面可以寫詩、寫詞、寫語句，可以表達心意。我跟自己說，我就是藝術家嘛。」

以藝術眼光補傘，邱耀威認為要如音樂家，每個音符都彈奏準確，「修傘要修得完美，到一個程度，連自己都不知道哪裏修過，相隔一段時間再看，也看不出痕跡。如果不夠準確，我會拆開從頭再來。」縱然如此，傘王也直言有其限制，例如舊傘零件停產、傘架有品牌記號難以購買部件等，有時也只好婉拒修理。

邱耀威對自己要求嚴謹，對客人也有要求。沒禮貌和不尊重自己的客人，他會老老實實的謝絕；而對於有禮的客人，即使再花時間心力，也在所不辭。傘王由此引出了一個動人故事。多年前的一天，一對夫婦拿著一把傘來修，「那位太太把傘拿出來，原來已經有數十多年歷史，我說修不了，因為沒有零件。在旁的丈夫說：『你不是傘王嗎，怎麼看也沒看就說修不了？請你幫幫忙吧，這把傘是我17歲追求她的時候送她的，現在壞了也不知道找誰去修。』」此話一出，傘王心裏動了情義，沒有議價，二話不說就把傘收下來，但聲明如果修理有損壞，不會賠償，只會盡人事。「那把傘啊，太有歷史價值了，結果我真的把它修好，交還給她，她開心得不得了。」如果邱耀威追問下去，說不定就是一個藏著「洋蔥」的日韓劇集。傘王自己深受感動，沒有收費，最終對方送西餅作謝禮。

惜物、環保 變得吃力不討好

「我們這家店很特別，叫做『雨傘學堂』，不是叫人來買傘，而是

03

04

來學傘。我會教人怎樣開傘，學了雨傘會耐用些，最重要是可以保護環境。」現代社會，產品誕生時已算準了壽命，不斷在市場上推陳出新，鼓勵消費者追逐，邱耀威卻反其道而行，補傘教傘，都是為了永續。看他修傘的物料，部分是回收自舊傘或鋁罐。

邱耀威補傘固然嚴格，教客人開傘和收傘方法也挺認真，結合了他對雨傘結構的了解和實際使用的經驗。他解釋，凡是自動開關的雨傘，不論是直傘還是摺疊傘，因為開傘速度快，要令傘面平均地張開，必須舉傘朝天才可按掣，否則傘布會因地心吸力壓著傘架，快速打開時傘架會容易斷開。

普遍來說，手動的摺疊傘因接駁位多，開合也需要輕力些。開傘時應先手執傘布的一方，另一隻手輕輕地、緩緩地作直線將傘桿拉出。「拉出後，一隻手握著傘桿位置，另一隻手把傘布鬆開，像花一般打開後才往上推，把傘打開。」收摺疊傘也是學問，收起傘布部分後，輕力拿著傘布，拍一下傘桿，把傘布理順後，才輕輕捲起雨傘，「千萬不要急著，像擰毛巾般捲起來，不然雨傘一定會損壞。」聽起來整個過程就是要輕、要慢，順應傘的結構。

不過，邱耀威那份惜物的堅持，並不是人人欣賞或同意，客人會嫌他麻煩，內行人會來指責。「我已經很討人厭了，同行說我可惡，經常教人開傘；傘不壞，哪有生意呢？『你那麼喜歡環保，那麼有愛心，就不要做這門生意了，更不要影響我們！』更有人打電話來，甚至以髒話罵我。」縱然吃力不討好，傘王仍堅持每次說明，希望雨傘的壽命得以延長，也更環保。

經歷傷病像傘一樣撐過來

以一年計算，邱耀威最高紀錄維修過3,000多把雨傘，好一段時間，早上9時開門、晚上9時才休息，足足12小時，賣傘兼趕工修理。忙碌時，連上廁所、吃飯等基本生活需求也是奢侈的：「有一次中午的飯從12點到黃昏6點都放著沒吃……」又因為不時需要接觸傘架，雙手經常會割傷或刺傷，傷痕纍纍，「早晚會割傷手，是預料到的。如果你怕受傷，就不要做了。傘架尖削，會刺到眼睛，而自動傘呢，千萬不要拆開來看，因為裏面有一根長彈簧，會射出零件，零件丟了不要緊，但是最怕射到眼睛，真的很危險啊！」

「工傷」最嚴重的一次在2019年，因過於操勞而中風入院，「因為沒有時間休息，有高血壓也不知道，結果就中風了。最初要坐輪椅，整個人像死了一樣，動彈不得。」邱耀威入院整整三個月，左邊身幾乎動不了，要坐輪椅代步，但他一貫堅持：「我跟自己說，不可以這樣啊，不然這一生就完了。記得我能站起來的時候，感覺就像把傘打開一樣。」

05

他努力做物理治療，爭取機會復康，慢慢能站起來，但是仍要依賴拐杖，最大問題是影響工作，「最初有一隻手動不了，但修理雨傘需要雙手配合，手動不了，傘也就修不了。」那時他只好託女兒看店，又致電客人暫時取回未維修的舊傘，自己則不停練習，希望雙手重新靈活過來。「後來我告訴自己，一定要努力練習，用完好的手教導動不了的手，用好的腳教導動不了的腳。」除了自行做訓練，他會提早下車，上班前後練習走路，沒有扶手，也沒有拿手杖，就這樣一步一步走。」康復後，工作量大減，每年大約維修1,000多把雨傘，營業時間改為早上11時，到傍晚7時，有時會因為身體差，接近正午才開門，「你看看照片，已經不及從前的威風了。」

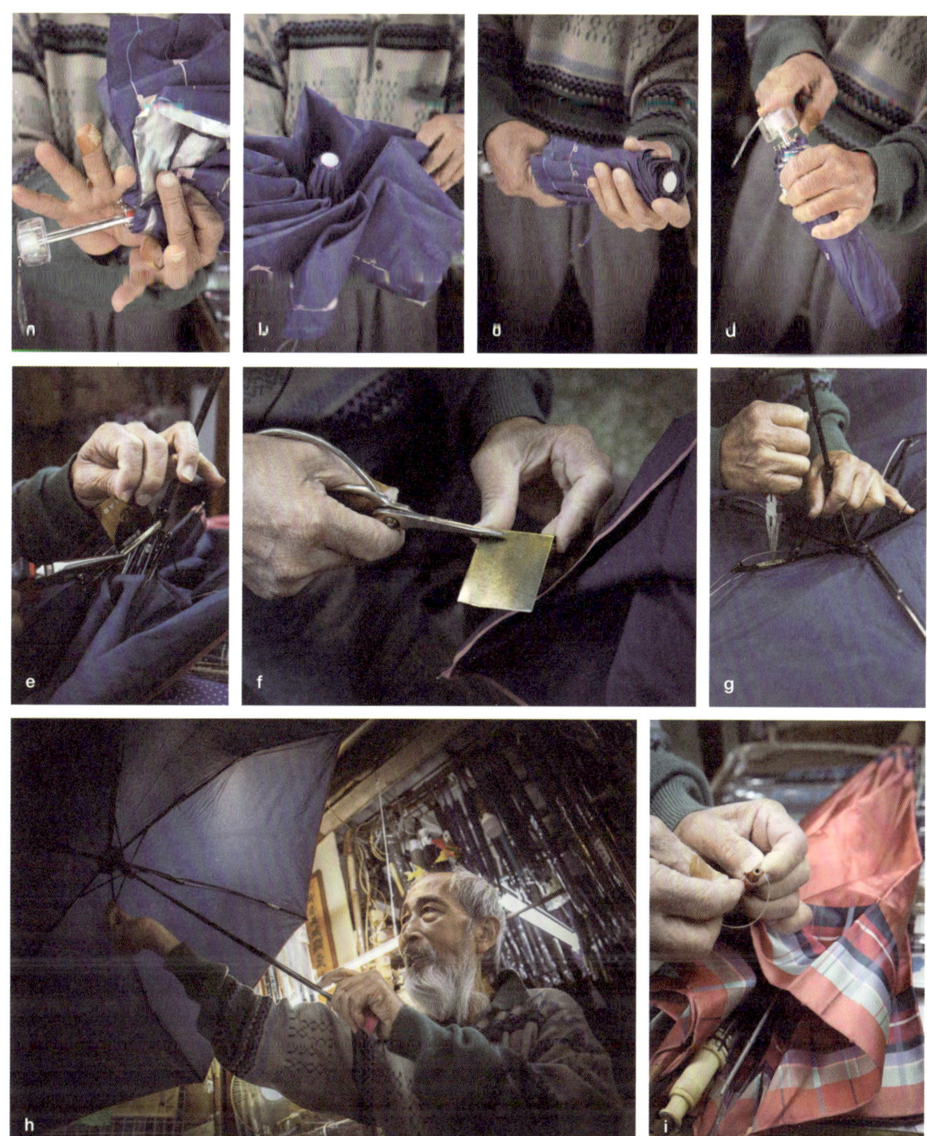

a. 收傘是雨傘保養的重中之重。收起傘布部分後，先一手輕力執着傘布，拍一下傘桿。

b. 雨水在傘上佔有重量，傘布容易扭作一團，這時需要依傘架把傘布理順。

c. 理順傘布後，才慢慢輕力捲起雨傘，扣好。

d. 最後一步，將傘桿推下，緊扣傘珠，即完成收傘步驟。

e. 修理前以傘架折斷部分量度及塑形。

f. 剪裁並製成所需零件的大小。

g. 把傘架折斷部分接駁及定型，即成。

h. 完成後檢查雨傘，務求傘形保持對稱，能正常開關，而看不出修理痕跡。

i. 邱耀威遇過不少雨傘故事。這天剛巧有媽媽帶來保存逾三十年的舊雨傘來修理，希望傳承雨傘予女兒結婚出門之用。

補傘業難維持生計　傳承無以為繼

大病過後，邱耀威注重休息和私人時間：「要作息有序，不要只顧工作，要玩，要開心，玩完再工作。最開心就是跟太太一起，太太說今天有甚麼活動，我就參加，當天不上班了。」

太太和兩個女兒曾勸他退休。兩個女兒對修傘興趣不大，沒有打算繼承家業，不過他仍然堅持著：「太太勸我退休，說我老了。但退休後與其在家睡覺，我寧願坐在店裏，跟人聊天，又可以幫別人，會快樂些。」

修補雨傘不是輕易學會的手藝，而且如邱耀威說，有一定的危險。他說，現在不時有人希望向他「拜師」學習補傘，邱耀威歡迎之至，卻不希望「徒弟」成為補傘師傅。「我說，你願意學，我願意教，當作興趣，玩一下無妨，但不能作為生計，恐怕會餓死。」他解釋，雨傘多年來幾乎從沒漲過價，成本便宜。修理雨傘有時也要一小時多，收費低難以維持生活，收費高的話，別人會說是「搶錢」，很不容易。一代傘王，暫時還沒有找人承傳店鋪或手藝：「我想我會做到入棺為安的一天。」傘王自嘲。

補傘手藝如果失傳固然可惜，但邱耀威作為手藝人關注環境的理念和行動、因惜物而補傘、教傘的堅持，作為社會的精神價值，也需要後繼有人。

01. 補傘逾四十年，邱耀威每年修理的雨傘過千，多年辛勞，雙手滿是傷患。

02. 祖先於1842年創「新藝城」，正是香港開埠的一年。

03. 城市中買傘比修傘者多，今日仍然有顧客走送傘子給邱耀威修整。

04. 2019年邱耀威曾中風入院，目前半退休狀態，營業時間仍保持朝十一晚七。

05. 修傘須具備剪刀、鉗、針、線、鋁片等工具。邱耀威的修理物料部分回收自舊傘或鋁罐。

06. 邱耀威孜孜不倦修傘，仍不言退。

07. 雖說補傘子是一門環保的事業，邱耀威預計學師的人少，這門手藝很大機會絕後。

08. 在店門前搭一塊木板，就成了邱耀威的修傘工場。

07

08

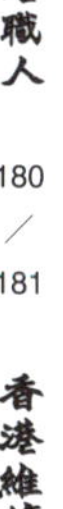

電　影

05

2023 年周潤發在韓國「釜山電影節」獲頒「亞洲電影人獎」時感言「香港電影的黃金時代已過去」。事實上，香港電影由八、九十黃金年代每年產量二百部，近年已驟減至約四十部。著名導演杜琪峯曾言：只要有一部香港電影，香港電影也不會死。業內仍有一班熱血的中堅份子打拼，他們也相信只要有一盞燈，香港電影也可以拍下去。

望右
LOOK RIG

龍虎武師老行尊 劉允

紮馬練功 不怕捱打做下把——

採訪、攝影：關震海

當視線集中到一個點，人的雙眼便會「鬥雞」（雙眼斜視）。劉允，大半生做龍虎武師，專心做好一件事，電影默默做「下把」被打的角色。

劉允出世歲半患腦膜炎，眼睛從此「鬥雞」，智商比常人低十多度。幼年大難不死，20歲第一次片場開工，導演要他從三米高牆一躍而下，地下不鋪墊，劉允心口掛著「勇」字，跌得人仰馬翻。「Cut!——」劉允頭上腫起「高樓」，瞪大「鬥雞」眼望著工作人員，導演大叫「過癮」：「阿允，以後你來做。」1968年，習洪拳的劉允就這樣展開龍虎武師的生涯。

一晃眼在片場工作半個世紀，今日不但當上「威也」龍虎武師，還積極培訓新人。近年香港電影業不斷萎縮，每年只有四十部電影，動作片更是寥寥可數，劉允看到仍有新人入行，以Slash（斜槓）的形式兼任武師，擔當跳樓、碌樓梯、打斛斗的替身，劉允仍然期盼香港電影翻生之日！

02

一切由《黃飛鴻》說起

香港電影設有「武術指導」，可以說是香港電影特色，而這名銜，可以從70年前粵語片《黃飛鴻》系列說起。《誌HK FEATURE》追尋彌敦道729唐樓的故事，尋訪一代洪拳大師陳漢宗的蹤跡。陳漢宗19歲師從洪拳名家、黃飛鴻徒弟「豬肉榮」林世榮學習正宗洪家功夫，其後來港積極推廣武術。五十年代陳漢宗將師公黃飛鴻搬上大銀幕，擔任黃飛鴻電影系列的監製及武術指導，親身上陣示範洪拳功夫。顧名思義，「武術指導」是武術之人，其職位是在電影指導演員。武術指導還有做動作特技演員的「龍虎武師」，負責當演員替身、做危險動作如跳樓跳崖、被主角打，而所謂「武師」，當然亦需要有基本的功夫底子。進入六十年代，邵氏與電懋的電影企業將「武術指導」與「龍虎武師」的崗位與系統恒常化。

龍虎武師業界老師傅劉允今年七十有四，仍堅持在片場做指導，也在香港動作特技演員公會舉辦的課程擔任威也導師，2019年獲第38屆香港電影金像獎頒獎典禮「專業精神獎」，當時他仍謙稱：「大把人專業過我（很多人比我專業）。」

劉允從影超過半世紀，綽號「魚頭允」，皆因他在大銀幕瞪大雙眼像魚頭，總是逗人歡笑；不在鏡內的劉允，眼神沉鬱，自少學蔡李佛拳，手舞足蹈，左撥右翻，掌風陣陣，幾次無意擊中夾在他肩上的錄音咪，他依然中氣十足：「甚麼是『專業』？做龍虎武師，說來便來。做到，你就是專業。我仲有貨賣（我身體還可以的），未言退休！」劉允說，導演要你一樓跳落地，武師便一躍而下；俠士俠女飛簷走壁，武師便要計算「威也（吊鋼絲）」力度與安全。據劉允預計，疫情前專責威也的龍虎武師高峰期約[illegible]0人，今日只剩百餘人。

嘉禾首批龍虎武師

1968年，劉允在師兄白彪帶領下進入電影圈，1971年加入嘉禾，是嘉禾首批聘請的龍虎武師。劉允這批嘉禾新聘的龍虎武師原是協助剛回香港大展拳腳的李小龍，但李小龍拍《唐山大兄》時與第一位導演談不合攏，劉允無緣跟李小龍「過招」：「李小龍打電話給鄒文懷，要求換導演，之後武術指導用韓英傑。」

一直到1973年的《龍爭虎鬥》，劉允才有份參與李小龍的電影，「當口要好多人，老闆叫我大使去」，不少龍虎武師當年以被李小龍打為榮，做「下把」的劉允竟然「真打」了李小龍一棍，「當時李小龍說：『你一棍打下來，我一避，然後後腿一掃』。」怎料李小龍忘了招，避過劉允的棍，身後的劉允卻用死力朝向龍哥天靈蓋一扑，李小龍即時喊痛，但沒有發怒，還呵呵大笑著劉允放心，完場後更提點後輩：「阿允，畀心機捞（努力做下去）。」五十年前劉允跟李小龍拍過的一場戲，仍然歷歷在目。

李小龍改變了打鬥格局

過去不止一名武術指導分享，自李小龍1971年回來香港拍戲，動作片有翻天覆地的改變。與他曾合作拍攝《唐山大兄》的武術指導、導演陳會毅指出，以前主角「格招」大多花10至20分鐘，《唐山大兄》第一場李小龍飾演的鄭潮安，不消三秒兩腳便擊退對方，這些也是跟足李小龍的要求。陳會毅憶述李小龍當時解釋：「這些都是噢囉，兩、三腳便

[1] 廣東話行內俗稱「吊威也」，即「吊鋼絲」。經資深武指孟海印證，目前香港電影業的「吊威也」已不用鋼絲，改用更安全的降落傘尼龍繩。據2023年香港電台節目《一起走過的歲月：孟海、盧惠光》

03

04

05

可以解決了。」劉允在片廠親身感受到，李小龍拍到《龍爭虎門》，已經創出別樹一格的風格，在片場龍虎武師也聽他的，「在李小龍之前，我們平日拍的，全部是招數，打洪拳、花巧些打北派，李小龍來了之後，功夫實了很多。」

李小龍 1973 年突然暴斃，功夫片沉寂多年，其間邵氏劉家良獨當一面的《神打》、《少林三十六房》、《中華丈夫》與《武館》跑出，闖出詼諧功夫與洪拳系列電影。七十年代末成龍的《師弟出馬》、《蛇形刁手》與《醉拳》開始為觀眾接受；八十年代初嘉禾洪金寶功夫片《快餐車》、《敗家仔》、「福星系列」與動作鬼片，令香港的功夫電影再次紅遍亞洲，各有班底，洪金寶有洪家班、成龍有成家班、劉家良有劉家班，香港的功夫電影進入「戰國時代」。到八十年代末程小東的古裝武術電影興起，劉允的威也技術亦大派用場。

劉允跟很多武行一樣，也曾想過：如果李小龍還在，香港電影會怎麼樣？「如果李小龍沒有死，成龍可能紅不了。」另一個可能，劉允認為香港動作電影會更趨向打真功夫。

功夫片低谷　跳崖受重傷

戲行光輝日子總是短暫，劉允還記得李小龍過世後，電影業蕭條，待在嘉禾工作不多，有時訓練女演員跳彈床、教她們功夫。在這段電影低潮期，劉允曾轉行洗牛仔褲，之後獲電視台佳視邀請做龍虎武師，讓他可以延續武行生涯，但他還是付出受傷的代價。

07

「有場戲，要替（男演員）楊澤霖，故事講師父飛上岸救徒兒。人是飛不到的，那便要拍倒鏡，兩個演員跳崖。」那場戲安排在西貢龍蝦灣拍攝，劉允在崖邊赫見替身的腳在「煲飯」，行內稱特技演員手腳抖得像煲飯時電飯煲蓋般抖震，這表示替身害怕，增加受傷風險。劉允不想演員硬來，決定上陣替「師父」一角，與「徒弟」一起跳崖。在崖邊一躍而下，「徒弟」跳中塌塌米，但劉允腰撞岩石，當場動彈不得，即場由西貢送到太子的九龍醫院，途中劉允痛得失禁。大難不死的劉允住院不到一星期便自行出院，他說照X光後骨無事，便可以繼續做下去。

廣東話有句俗語叫「搵命搏」，龍虎武師的工作確是以生命作賭注。有武師受傷癱瘓，就算「大哥級」的成龍也曾在《龍兄虎弟》[2]頭骨斷裂；楊紫瓊在《阿金》跳車差點全身癱瘓；洪金寶說拍電影曾斷了三次手、七次腳，打了石膏，照拍可也。

「香港電影總有一天會翻生」

八十年代初功夫電影一片好景象，成龍、洪金寶[3]賣片花便可賣埠，劉允憶述一班功夫小子集合在YMCA練打斛斗、跳彈床。武行上下一心，劉允說理由很簡單：「為甚麼這樣勤奮？多撈（多工作），身手愈好愈多工開。現在無這種景象，沒有地方，也沒有戲開，沒戲開練來做甚麼？」早於大導演胡金銓、張徹的電影，舞劍、打斛斗已是龍虎武師的基本功，因此劉允說時至今天收學生，懂一點武術是必須的；武師一樣有專攻，如威也涉及力學的計算，飛車則是訓練飆車技術，其他工作如跳樓、跳海，劉允笑稱要的只是靠膽量。

[2] 據 2022 年《香港 01》報道「龍虎武師：那些年曾有一群無名英雄 用性命把港產片推出國際」

[3] 「賣片花」，即未開拍單靠明星演員的名，海外片商先預繳製作費，作為買片的費用。

劉允透露，武師的工作愈危險價錢愈高，「危險動作沒甚麼分數，但有分『級數』，夠膽你就去。」他舉例說，跳樓逐層計人工，跳四樓這個動作大概12,000元。四樓跳下來，不死也手斷腳斷？劉允大派定心丸，他說目前武行很注重安全，塌塌米、紙皮箱會墊好，盡量不會要武師受傷。

目前香港動作特技演員公會不時舉辦訓練班，培訓新人，老行尊劉允是導師之一，先教基本功如「做下把」的被打反應，然後一步一步教威也的力學。「目前一班大概20至30人，算多了。」劉允坦言，香港電影不斷萎縮，現時投資者的資金只足夠拍一些百萬製作的小品，動作片愈來愈少，但劉允認為武行不會「絕後」，始終有年輕人投入去做，而且新一代已習慣以龍虎武師為兼職。

今日武行生涯，一班師兄弟一年不知有沒有三個月開工，樂觀的劉允說，萬物皆循環、有高低起伏：「我覺得香港電影會翻生的，無得解（不能解釋），到低谷便會有回升的一天。」

智商一點也不低

1980年劉允參與吳宇森的《錢作怪》，吳宇森著他表情誇一點，劉允突如其來瞪大雙眼，遠處聞吳宇森的咯咯大笑，心想：「掂啦，仲唔掂！（這樣成了成了，還不成功！）」自此「鬥雞」成為劉允的電影招牌。

觀眾看劉允的電影，會替他擔心：「這個大叔在現實世界一定被人欺負。」事實剛好相反，劉允自小在美孚泳棚東方體育會習武，在紅磡聯群結隊做小霸王。在片場無論演動作片抑或喜劇，很多時他能夠1 take過，身邊演員說他厲害，「片場的人經常說：『你哪有智商低10度？成日1 take過！』」

劉允說要多謝龍虎武師當年的叔父輩，1968年新人口薪70元，叔父拿一百，同撈同煲。他仍然難忘在普慶戲院地下一起打過桌球的龍虎武師兄弟、以及李小龍叮囑他：「阿允，畀啲心機撈（用心工作）」。「戲行好，有甚麼比做戲好」，劉允說看盡演員戲內戲外的榮辱，戲內演人生的甜酸苦辣，沒有電影，他的人生樂不來。「求其（隨意）寫百幾字便可以」，劉允跟記者留話說。一個仍然在片場鋪紙皮，鋪塌塌米的「叔父」，武師永遠是低身段的姿態，默默做電影背後的主角。

01. 2023年是李小龍逝世五十周年，與他曾經合作過的龍虎武師亦表示懷緬他的傲氣與才能。

02. 劉允在鏡頭外木訥，做事認真，他說今時不同往日，作為動作指導，設計的動作一定要安全至上。

03. 李小龍回流香港後，在嘉禾電影的辦公室留影。（相片由收藏家吳貴龍先生提供）

04. 1971年上映《唐山大兄》的戲票。（相片由收藏家吳貴龍先生提供）

05. 《龍爭虎鬥》李小龍獨闖虎穴，機關重重，遇上劉允與一群嘍囉，李小龍長棍一揮，嘍囉全數倒下。（《龍爭虎鬥》電影片段截圖）

06. 行內稱為「龍虎武師」的動作特技演員，專做一些危險動作，劉允目前擔任威也導師，培訓新人。（相片由 HKSA Hong Kong Stuntman Association 提供）

07. 被打是龍虎武師的工作之一，劉允說有功夫底子在鎖頸、避招、用力各方面會更得心應手，避免受傷。（相片由 HKSA Hong Kong Stuntman Association 提供）

08. 劉允說，第一場戲講他從三米高牆一躍而下，地下無紙皮。落地還要跨欄逃走，誰是導演他倒忘了，他說「好像是楚原」。

08

01

電影道具師 張偉全

心不死 在低谷精益求精——

採訪：許莉霞
攝影：劉玉梅

訪問當天正是聖誕節補假日，資深道具師張偉全（全哥）特地駕車，接記者到他們特別道具的製作基地，一個平常人不能輕易進入的地方——清水灣電影製片廠。

全哥一臉從容，一點也看不出他在聖誕節連日加班，Boxing Day更通宵達旦趕工。道具師日常工作10多小時，動輒連續工作24、48小時，全哥打趣說：「一個月賺兩、三萬，比麥當勞還要差。麥當勞只是做9小時，但我們日做15、16小時。」曾揚威海外的港產警匪片，近年產量明顯驟減，道具業青黃不接，全哥仍堅持投資做好道具、培訓新人，在逆境中全力將造槍械道具的手藝傳承下去。

槍火無眼，真偽難辨，2018年全哥當上為電影道具做了新聞人物。他為電影《樹大招風》製作22萬3千張作拍攝用途的道具鈔票，被控「保管偽製紙幣」罪成。為守同業名聲，他不惜花費七位數金額打官司，最終上訴得直。入行超過三十年的全哥常言道：「困難我們面對很多，在乎用甚麼心態面對。」

做道具是份辛苦差

電影廠場地空曠，佇立了幾個大型攝影棚。全哥左穿右拐，引領我們來到樓高兩層的特別道具工場。道具組分為置景、陳設道具、跟場道具、特別道具及效果組。特別道具部負責特製電影道具，工場有大量警匪片所用的槍械、炸藥，也有黑幫打鬥場面使用的玻璃樽及刀棍，還有建造場景的仿紅磚塊、花崗石，樓上滿佈一堆假手腳及乾屍，想必這兒在晚上會顯得格外陰森。

地面有零散的油漆、紙皮及其他製作材料，全哥拿起高櫈放在工場陳舊斑駁的一角。身穿深藍上衣配搭牛仔褲的他，為人實事實幹，坐下來侃侃而談他的經歷。他說在電影輝煌時期，導演只要想到甚麼便要道具師做到。全哥憶述，導演曾要求一日內把整間屋轉換顏色，噴油漆噴到手指第二天伸也伸不直。

「我常說做得道具這一行不要呻（埋怨），這行千變萬化，好是這樣，不好的也是這樣，只視乎你用甚麼心態去做。」全哥說。

美術同事常揶揄道具組懂得「腎上腺治療法」，即是甚麼病也能靠「激情」醫治。他們基本上沒有時間休息，病了都要做幾十小時，特別是出埠的時候。

他回憶起為許鞍華執導的《明月幾時有》置景時的辛酸，「做這麼久，第一次有木工劈炮（突然辭職）不做，因為真的很辛苦。」在香港拍攝的部分，大多數場景都位處三級歷史建築物，例如紅磚屋醫學博物館，造

02

03

04

的景只能外加。因場租費用昂貴，道具師需要日做13至14小時趕工，而不少場景在大澳拍攝，加起車程就要16小時，道具師傅回去睡幾小時又要工作。

電影設置在四十年代的香港，需要製作大量年代佈景，花的工夫等於拍三部戲。拍攝期間湊巧天氣冷又下雨，全哥自豪道：「辛苦，但做出來過到自己又靚。文念中教我們，今日的道具不只為美觀，而是為劇本，做到真實。當觀眾驚覺原來香港有這個地方的時候，你就會開心。」全哥團隊的心血獲同業肯定，《明月幾時有》贏得第37屆香港電影金像獎最佳美術指導。

香港電影走下坡 離開又回來

道具組的輝煌離不開警匪片的興起，據影評人羅孚所說，七十年代吳思遠導演的《七百萬大劫案》（1974）為港產警匪片打響頭炮；緊隨其後的新浪潮導演的《跳灰》、《點指兵兵》與《行規》等，帶來嶄新的寫實風格；八十年代，由1986年吳宇森的《英雄本色》，奠定港產江湖、警匪片的地位。香港電影在1992年達到史上最高票房，全年累積票房高達12億4千萬港元。九十年代初憑「[1]雙周一成」的票房保證，帶旺整個電影業，每年出產約二百多部電影。正在香港電影的高峰期，全哥做了兩年還是決定轉行做飲食，始終道具業付出的勞力與收入不成正比。

全哥早於八十年代末踏足電影業，當年靠同邨朋友介紹，那時他正學打金及造鋁窗，覺得電影有趣，便請假去試工，首部參與的電影是由成龍及梅艷芳主演的《奇蹟》。2003年沙士，市面一片慘淡，全哥當時開設的餐廳結業收場。剛巧電影圈開抗疫電影救亡，朋友介紹他回電影業，「你會想不到還有甚麼可以做，因為戲接戲好忙，沒有時間想。夕陽行業是一定的，但我未到完結那刻也會繼續做、盡力做。」

2007年，他跟朋友自組公司「偉勁制作」，一手包辦搭景、道具及特別道具。公司最初租用新蒲崗旺景工廈200幾呎的天台，那時剛起步，10個人一條心，齊上齊落。全組人胼手胝足，收工的手足見其他手足開工，也願意幫一把：「未完成吧？落去請我食飯，食完上來幫你手。」一餐飯離不開工作，上到天台眾志成城完成任務，全哥回味當年情：「那段時間真開心！」

警匪片道具無以為繼？

經歷過沙士、回歸後電影低迷、2003年後在中日合拍片的衝擊下，全哥遇上數個風浪依然未曾放棄。但如何堅毅，全哥也需面對同業師傅年紀漸長，漸漸出現青黃不接的困局。全哥說，道具是難學難精的手作行業，風火水電甚麼都要懂，技術要透過面授，學徒也要實戰累積經驗，「新人看著做，遇到有用的，記在心，但這一行你必須要敢於觸碰。」很多年輕人對道具感興趣，可惜也捱不到最後。

全哥預料，警匪片產量大減，基於市道及政治環境，導演開始改拍海關捉走私客；而全哥的公司為了生存，在疫情間開始拍小品、劇集。全哥這些年花了很多錢，營運特別道具部，每年也不能回本。「如果只做特別道具，一定輸錢！但我未死心，還想繼續培養一些人。我比較阿Q希望行頭好一些，我又會想嘗試。」

市道不景氣，電影公司常減製作預算，近年3D印刷與大陸購物網「淘寶」也變成了他們的競爭對手，全哥依然覺得道具業在香港仍有生存價值。「香港電影有樣好，就是那一剎要。我常跟同事說，我們值錢就

[1] 雙周指周星馳、周潤發，成指成龍。

在這一刹那，如何變魔術般變東西出來。」這種對他們甚苛刻的「魔術」像磁石般吸引張偉全和一班後輩一直做下去。

兩代人走下去的理由

「情懷又好，作為道班、道具製作公司，也要翻模。」全哥說堅持翻模。他舉例指拍攝《使徒行者2：諜影行動》，當中在西班牙教堂大量的石塊，是由他們翻模翻出來。全哥不忿地說：「找菲律賓手辦模型、3D打印，會比我們便宜，質素又好，但很難夾時間。我覺得特別道具自己應該有，如果你事事也判給人做，你有甚麼好做呢？」

在工場默默製作道具的Nicole，今年25歲，是全哥團隊唯一製作特別道具的新人，也是團隊最年輕的一員。她正為道具槍翻模，大部分道具槍都是以輕巧軟身的海綿PU膠製作。她首先裁剪鐵枝骨架，再吹乾PU（聚氨酯）原料造外殼，然後往外殼內層，倒進海綿料即成。如她這般熟手，不消1小時便可完成一支槍。

畢業於演藝學院舞台及製作藝術課程的Nicole，本來是想做繪境，但這範疇較多人競爭。參與首部電影後，全哥誠邀她加入，如此就開展了她造道具的生涯。凡愛上道具行業，似乎也離不開那種愛恨之間的拉扯，Nicole也是其中一人，她說：「這對於我是興趣。你被壓迫日做夜做就會想逃離，隔了一段時間沒有做，又會懷念。一班人一齊做一件事，砌一個景，完了會好開心、好滿足。」

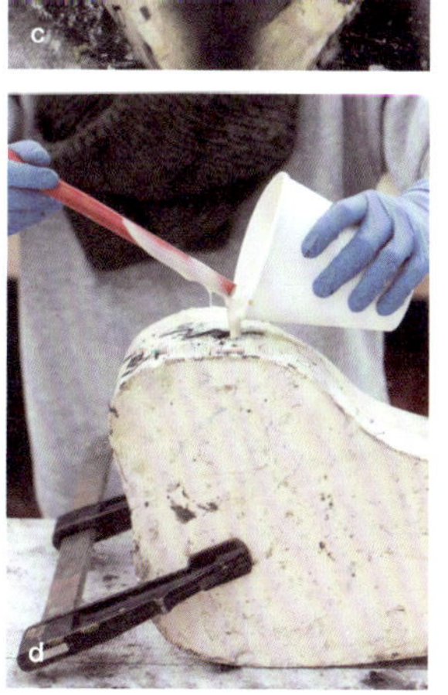

a. 製作道具槍的第一步，是裁剪骨架，並噴上黑色底色。

b. 接下來，按比例把聚氨酯原料混和，在模具中塗上外層軟膠。

c. 之後，把骨架放在模具中央，再重複做另一面，並合上槍模。

d. 把海棉塑膠原料倒進槍模的小孔，很快它就會凝固並膨脹。

疫境下好好造道具

沙士17年後再遇上疫症，不少電影從業員暫時轉行做地盤、送外賣。全哥說：「我常叫同事爭氣點、做好點。為甚麼？電影裏大部分部門也不能Cut，唯獨道具可以Cut。」公司早年花幾百萬裝修費，把辦公室搭成警局及醫院等場景供外借，疫情期間完全沒租場生意。慶幸同事賣力，憑公司在行內名聲，2021年才出產了三十部香港電影，全哥接了十部。

之前Nicole是全職工作，在這段時間，她只能一個月工作幾天。她打趣道自己正在轉行，閒時會兼做潛水教練。全哥接口說：「你話『扚起心肝』（下定決心）轉行可以嗎？可以的。但好坦白，慣性之外，是有點留戀。」

近年全哥與Nicole覺得舊有的假人道具不夠好，就測試以製作模型的方法來造，人工加材料費要用上4至5萬，然而租一個假人只是350元。對他們而言，造道具不只是一份工作，Nicole入行時全哥曾跟她說，不想牛肉刀的刀紙，過了十年還是同一張，期盼他們出品的道具能愈造愈好。可是目前最大的競爭對手是「淘寶」，全哥苦笑道，「現在製作預算如此少，很多東西都靠『淘寶』。」

全哥環視四周的道具說：「留在這裏，就是喜歡這裏的模式，魔咒在於有挑戰性又好玩，要得你做餐飽！」

01. 1986年《英雄本色》掀起江湖片，香港電影由刀轉槍，道具部製作的假槍幾可亂真。
02. 全哥也擔心製作道具的手藝有消失的一天，但他電影仍有期盼，還想做下去。
03. 全哥與Nicole師徒情深，常常一起研究如何把道具造得更好。
04. 目前港產片已跌至每年約四十部，中港合拍的警匪片已「此路不通」，2022年上映的《神探大戰》在內地票房僅收7億人民幣，電影道具業正步入寒冬。
05. 道具工場的一角滿佈假人及假手腳，有種陰森的感覺。
06. 在電影看見的道具槍，其實以軟膠製作，甚為輕巧。
07. 記者深入清水灣電影製片廠，參觀張偉全的大小道具。
08. 造的道具挑戰愈大，為全哥帶來的滿足感也愈大。

07

08

擬音師 余家祿——

造聲魔法 擬聲的無窮宇宙

01

在電影夢工場，聲影總是虛實相間，疑幻似真。

我們最在意的可能是故事、人物、鏡頭、畫面，但聲音呢，戲院裏傳入耳朵的聲音，好像是理所當然，除了特別音效外，電影的聲音真的百分百靠現場收音？其實電影的很多聲音是靠後期的「擬聲音效」（Foley）。鐳射槍可以是錘子敲打鋼索；怪獸吼叫可以是氣球摩擦和消氣聲堆疊；躂躂的馬蹄聲可以是椰子殼敲打地面。無論是碎玻璃、鳥鳴、開水喉、關車門……均是由擬聲師根據剪輯的畫面和節奏，加入真實音效，還原「最貼近」電影中故事的聲音。

因此，擬聲師的工作室，可以說是另一個又虛又實的神奇小宇宙，你會找到許多意想不到的發聲東西，驚嘆擬聲的逼真……

採訪：廖俊升、徐嘉蒓
攝影：張詠琳

02

擬聲界師傅輩 叱咤影視四十年

余家祿今年62歲，擔任電影音效師超過40年，說得上是業界的師傅輩。我們以電話短訊戰戰兢兢的邀約訪問，如此經驗豐富的影視界職人，還以為會耍大牌、耍脾氣……意料之外，余師傅爽快答應，還隨我們安排時間，到訪他的工作室。

拉開工作室的閘門，裝潢溫馨，他們在這裏做混音、擬聲和配音等後期工作。到訪時，余師傅正與幾位年輕同事吃午飯，他放下便當，先招呼我們，「隨便坐，先喝飲品！」然後帶我們到經他一手活化的後樓梯聊天。「做事一開始就像要打架那樣，你自然會沒有興趣。大家出來抽抽煙，放鬆一點，不用太認真，你又拿到你想要的東西，那就最好，就是這麼簡單。」他沒有老大哥的架子，從容地抽一口煙，吐出自己40年的影視風雲。

從邵氏、亞視到無綫 音效「四大天王」

七十年代是香港電影黃金年代。影星李小龍從美國回流香港拍真功夫電影，三年間拍下《唐山大兄》、《精武門》、《猛龍過江》、《龍爭虎鬥》與《死亡遊戲》四部半電影，每部電影票房衝破三百萬港元，從此功夫電影衝出國際；同時邵氏楚原的粵語佳作《七十二家房客》，嘉禾開創許氏兄弟喜劇先河，許冠文的《鬼馬雙星》與《半斤八両》橫掃本地票房。粵語片衰落的同時，香港電影正邁向百花齊放的盛況。許鞍華的《瘋劫》實景拍攝，打破片廠制度，在七十年代帶起香港新浪潮，影響著台灣八十年代初的新浪潮電影。

余師傅在這個最好的年代走入電影世界。七十年代末，當時有名的邵氏電影公司登報聘請配音師工作，他毅然走到清水灣應徵。「邵氏很少登報請人，剛好那次登報，我看到了。你知道，年輕嘛，甚麼都不懂，便碰一下闖一下，結果給取錄了。」這一闖，就接近半世紀。余師傅在邵氏配音響效果，一邊學藝，一邊在外面當替工。做了幾年，便被挖角至亞洲電視。

不過，當時亞洲電視的勁敵無綫電視（全稱：電視廣播有限公司）畢竟是大型電視台，余自然朝著這「伊甸園」進發。余師傅說，無綫在八十年代創立效果組，他隨即被看中。「那時我跟幾個年輕同行，一組四個人，又做得又殺得，一齊加入無綫！」他說，音效組跳槽一事令全行大地震，「那時全行人都叫我們『四大天王』，連張學友、劉德華都還沒成為『四大天王』，我們已經是這音效界別的四大天王。」四人一腳踢打天下，包辦劇集音效，成為盛名而專業的音效團隊。

「Foley」擬聲　聲音跨邊際

音效製作包括多個範疇，余師傅則以「擬聲」起家。究竟擬聲又為何物？擬聲是電影後期製作中音響效果的其中一環，英文為「Foley」，取自荷里活首位擬聲師Jack Foley之名。上世紀二十年代，現場收音技術與電腦音效製作尚未成熟，電影音效就是由擬聲師在錄音室內配製而成，Jack Foley就是當時首屈一指的擬聲師，他更憑其音效製作獲得美國音效剪輯師協會金捲軸獎（Motion Picture Sound Editors' Golden Reels）。擬聲師用不同工具，例如是衣服、雜物，創造不同聲音，收錄後配到電影裏頭；風雨聲、浪聲、腳步聲，乃至杯子掉下來、開門和馬蹄聲，皆是由擬聲師所製造出來。

訪問當日，余師傅團隊正為一套新電視劇配上音響效果。余師傅說，拍攝現場的收音主要是對白，其他聲效均由擬聲重新創造，所以影片送到音效室時是靜音。片段中扮演盲人的演員在浴室用花灑洗頭，然後坐在地上、拍打地下、撫摸身體、扣胸圍等，每一個動作所發出的聲音，無一不在錄音室裏擬聲製作而成。聽起來已十分完整，「少了一下嘆氣聲！」經驗老到的音效師輝仔在旁提醒員工，一下就點出了小漏洞。一絲不苟，這就是電影音效製作。

採集廢物　猶如採集聲音

無聲電影或劇集，交到音效師的手上「施法術」，從無到有，聲音做到精彩細膩，小小錄音室，是無窮無盡的聲音宇宙。擬聲師開啟錄音器材，穿上一雙鞋子走路，配出躂躂走路聲。如此平凡的腳步聲，卻毫不簡單，「難道你不懂走路做腳步聲嗎？不過走得好不好、準不準、配

03

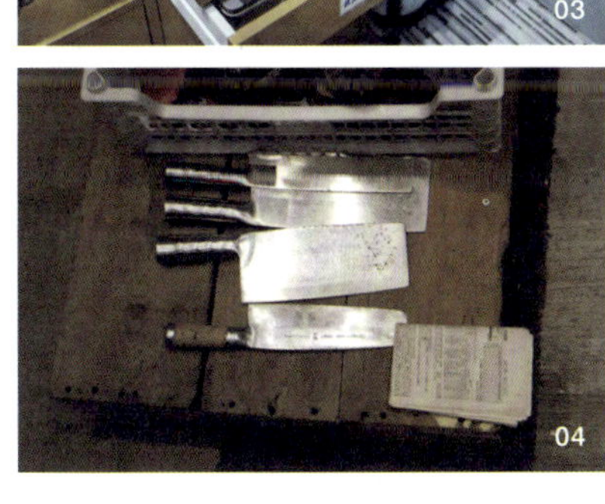
04

不配畫面，像不像畫面的感覺，就是另一回事。放個杯子、開個門，你不懂嗎？問題是，像不像那種感覺。人們會覺得都是開門，但開門有幾千百萬種，不同情緒、不同距離、不同聲質，難道這樣一道門，開了就代表像嗎？感覺不是這回事吧。」

為了錄好每一步的聲音，余師傅特意改裝了錄音室的地板，這邊是沙地，那邊是水泥地、瓷磚地，甚至加裝水龍頭及去水位，以便模擬走過積水地面時的腳步聲。他更收集了各式各樣的舊物、雜物用作擬聲，單是舊鞋已有數十雙，「鞋子要舊的，聲音才會相似。新鞋硬，是很漂亮，但完全不像那回事。」

他常自稱「垃圾佬」（收垃圾工人），因為他相信廢物皆有用武之地。「我跟你說，我入行這麼久，跟我的人，沒有幾個有這個心，上班便上班，下班就忘記一切了。我說，平時你們在日常生活中撿些不要的東西，例如老婆丟掉的唇膏盒，可以撿回來做聲；總之可以幫你製造聲音的，不妨儲備一些。」

刀劍拳擊　繪影繪聲

昔日武打片盛行的年代，電腦科技未如今日發達，余師傅為配好刀槍劍戟的聲音，在錄音室拿著粗藤條不停揮動，而且是雙手上陣，故有「雙鞭王」的美譽。現在即使他年紀大了，雙臂肌肉仍在，可見其功架。

今日余師傅找來兩個年輕員工，即席示範，模擬一幕二人打鬥戲碼。余師傅和其中一位員工負責拉扯手上的牛仔外套，仿製出拳聲；另一位員工則拿著兩塊刀片敲擊，模擬片中武器碰撞聲。除此之外，被擊中、跪地、噴血皆是模擬出來，繪影繪聲。

05

余師傅說，日常生活常見的東西，要造得夠傳神最難，細微如輕撫皮膚、觸摸桌面，也要還原，讓觀眾聽得見。「你們進戲院，覺得那些是現場收音。造得愈似的，便愈像真；造得不像的，是連你也知道是造出來的！觀眾看後問：『這是你造出來的嗎？不是現場聲？』這才是神似的最高境界。」余師傅說。

藝術境界　一下拉刀聲費時兩天

余師傅像現場導演一樣，執著每個細節，希望用聲音，把電影現場感還原。因為對他來說，擬聲不只是模擬，還有創作成分，是一門藝術。

06

每套電影、電視劇，由豐富音效牽引主旋律，一秒之間，可能已經奏出多個音效，而每一下音效皆見工夫。「你聽到十下八下聲，可能我們做了幾百下聲音，在當中找一些最好的，放到畫面裏。這需要好長時間，並非你所聽見，只發三數下聲音而已。」余師傅說。

他最難忘的，是配製邵氏出品的電影《倚天屠龍記》，只為寶刀出鞘，「韆」的一下拉刀聲，十位同事花上兩天時間，也一無所獲，「不像，這個不像，這個又不夠好……從上班到下班也找不到。怎料第二天上班，打開一個片盒，『韆！』……這個夠霸道，好啊！這樣才做到那聲音出來。」結果，《倚天屠龍記》（1978年）好評如潮，收過百萬港元票房。

絕佳的音效為影視作品錦上添花，余師傅更確信影視製作是群體創作，演員、服裝、化妝、道具、燈光，甚至是茶水，前後期每一個崗位都應認真看待其工作，每人做好做滿分才能成就一部好作品。「每一個環節做好些，才會是好電影！就是這樣而已，這邊少1%，那邊少5%，那邊又少3%，減起來就變成零分，電影不可能一出來就是一百分。」

嘆行業十多年沒有進步

八十年代，香港經濟起飛，影視業發展蓬勃。其時余師傅曾進入無綫電視一年，性格與企業管理不合便轉行做貿易生意，一做便十年。余師傅憶述：「八十年代，只要你不是跛足或盲的，就可以做。量多，出外埠，以前全東南亞，移民外國的人都會看香港錄影帶，所以那時有市場。全東南亞只得日本最厲害，其次是香港。甚麼泰國、韓國，沒人認識。」余師傅慨嘆，黃金歲月養活了不思進取的人，到九十年代影視業萎縮，一下子淘汰了大半人。

余認為，1996、1997 年是香港電影電視最崩壞的年代，他偏偏在那時回歸音效行業，「1993 年開始，電影賣埠少了，韓國、泰國、印尼都不買你的片。十多年都沒有進步過，人人上班等下班，沒有用心去做」，他眼見音效行業質素參差，便決定回到擬聲的事業。

堅持只因不服輸　相信可以做得下去

音效一行由昔日輝煌至今日黯淡無光。余師傅語帶無奈的說，音效根本不像一門「職業」，「多嗎，做不來，少嗎，不夠吃」，收入不夠穩定。「職業要正常化，維持正常收入，足夠生活開支，甚或可以致富。搵朝唔得晚（朝不保夕）、今日不知明日事，這叫職業嗎？這只叫捱！」

余師傅常自嘲是這行業的「死剩種」（遺孤），早已淡泊名利。他的工作室沒有公司招牌；數年前更刪除了個人網頁。他不求名氣，毫無野心，視獎項如浮雲，「你認識我便找我，你不認識，那就是你的世界，我只是幹活而已。」

今天還在「幹活」的余師傅堅守到今天，是因為他不服輸，他相信香港影視仍然「有得做」。「不服輸，所以便堅持、堅持，堅持真的要用力，是耐力與現實的鬥爭。」無論現實多殘酷，他仍繼續為香港影視奉獻。堅持並非易事，但余師傅認為，凡事總要樂觀面對。「我們來到這個世界，沒辦法。盡量做到最好，只能這樣，別無他法！」

01. 哪怕是石頭、泥沙，可以造聲的物件，擬聲師余家祿也不會放過。

02. 余家祿自製的擬聲小工場，只要合劇情，大小道具也可以大派用場。

03. 小工場亂中有序，用來配寶刀出鞘聲的「鐵盒」、「藥罐」分類清晰。

04. 刀劍相接，有時靠磨刀聲造聲，增加打鬥效果。

05. 腳步聲不但男女有別，電影中的古裝魁梧俠士、時裝窈窕淑女，也靠擬聲師細心選鞋配上腳步聲。

06. 「紅褲子」出身的余家祿笑言自己由「輝仔」變成「輝佬」，但寶刀未老，能在電影業留下來的也是實力派。

07. 電影市道差，擬聲行業生存艱難，余家祿仍然收徒弟，希望將技藝傳下去。

08. 捱更抵夜為夢工場配聲，擬聲師是香港電影幕後功臣之一，可惜多年來沒有設獎項。

07

08

香港職人

主　編　關震海
責任編輯　黎美霞
書籍設計　Chris Wong
封面繪者　麥東記
校　對　黎雅麗、劉白
統　籌　唐嘉韻

出　版　誌傳媒有限公司
地　址　九龍荔枝角長裕街 11 號定豐中心 10 樓 1007 室
網　址　www.hkfeature.com
電　郵　hk.feature.hk@gmail.com
Facebook　Instagram

發　行　一代匯集
承　印　A Team International Limited
首版印刷　2023 年 11 月
第二版印刷　2025 年 4 月

定　價　港幣 228 元

國際書號　978 988 75124 6 2